Queremos agradecer de forma muy especial a todos los que contribuyeron en la campaña de Kickstarter. Sin su cariño y su apoyo este libro no existiría. Esta edición es dedicada a ustedes. El colectivo 7Vientos espera que disfruten esta lectura tanto como nosotros disfrutamos trabajar en ella para que esté en sus manos. ¡Mil gracias!

Nivel Voyeur
Zachary D. Martin
Terrence M. Jordan

Nivel Hedonista
La familia Vuckovic-Hunt está muy orgullosa de apoyar a este segundo libro de Siete Vientos.
Con afecto, George, Esther, Lena, y Tesla

Saturnario

Saturnario

Rey Andújar

Bogotá • Caracas • Chicago • Ciudad de México • San Juan

Saturnario
© del texto original: Rey Andújar
© de la edición y traducción: Siete Vientos, Inc.
Primera edición publicada en Santo Domingo en el 2011

Prólogo
Edgardo Rodríguez Juliá

Cuidado de la edición
Daniel Parra Álvarez, Kolin Jordan,
y Luis Alejandro Ordóñez

Diseño de portada e interiores
Carlos J. Matallana

Ilustración de portada
"Bicho de fogo" y "Bicho da agua".
Grabado en madera e impreso en papel. 2008.
Cortesía de Guillaume ALBY, aka "REMED".

Fotografías de interiores
Ariana R. Drule

© 2013
Siete Vientos, Inc.
Chicago, Illinois 60608
e-mail: info@sietevientos.com
www.sietevientos.com

Número de control en el catálogo de la
Biblioteca del Congreso: 2012944375
ISBN: 978 09 8313 921 8

DEEP CAMBOYA *es el sitio en que un hombre*
arde y se consume, mientras se dedica
a lo único que quiere hacer en el mundo.

Carlos Polimeni, Camboya Profundo: Andrés Calamaro
Diario, página 12–Suplemento RADAR,
3 de junio 2001

Para Z.: su libro

Retrato del artista joven
con el oído perfecto

De su novela *Candela* me cautivó el oído de Rey Andújar para los acentos callejeros de las Antillas. Tuve que reconocer, entonces, con aquella primera lectura de la obra, que la ruta antillana de convergencia trazada por Hostos, recalcada por José Luis González en sus ensayos, bellamente narrada por Ana Lydia Vega en cuentos ejemplares, registrada en mis crónicas caribeñas, en este joven autor dominicano cobraba una insólita veracidad, como si de la Calle Duarte a la Avenida Borinquen se pudiese decir que solo "un paso es". Estaba ante la belleza de una prosa compleja y a la vez lúcida, nada fácil, aunque tampoco rebuscada, que siempre está anclada en la acentuación y el ritmo de la oralidad: así hablamos en esta tierra nuestra que son las Antillas, así hemos elaborado en arte la magia sólo dable a un oído privilegiado, el de Rey Andújar.

En estos cuentos de *Saturnario* vemos la ejemplaridad de ese oído que siempre ha añorado la Literatura Antillana, desde Cirilo Villaverde hasta Luis Rafael Sánchez. Se captura aquí esa prosodia, ese acento profundo y esquivo con que nos llama la calle. Eso sí, Rey Andújar no cede a la tentación de los meros malabares lingüísticos o el bailoteo virtuoso. Sus acentos entran en ángulo oblicuo, inesperado, como la voz pianística de Thelonious Monk o el fraseo del pianista cubano Rubén González. Son cadenciosos pero también sorpresivos y cortantes, con giros que nos deleitan y a la vez nos obligan a la relectura. Esa prosa pocas veces es rapsódica, o excesivamente grácil. En otras palabras, no es "literaria" en el mal sentido, nada narcisista; el lector que se busca es la juventud que aprecia la salsa, el merengue y quizás sucumba a lo mejor del reguetón; aquí no se busca un lector académico. Como mi oído ya va saliendo del cruel mundo en curso, del horror antillano puesto al día, y secreta y hasta públicamente odia el dichoso reguetón, cumplo, por mi parte, con pasarle la encomienda, en relevo entusiasta, a Rey Andújar.

Y no son estos los únicos placeres. Ya estamos ante un maestro de ese tono narrativo neutro que siempre jalona la acción, la anécdota, sin contar más que lo debido a la opacidad necesaria de los personajes; usa sabiamente la oralidad y el diálogo para mover la trama.

Me atrevo a decir que con toda su astucia narrativa es capaz de un barroco algo loco y sorprendente que me evoca el de Manuel Ramos Otero; sin esa locura un escritor jamás se acerca al misterio. A veces estos pasajes nos dibujan una sonrisa nada condescendiente, y reconocemos que la última vez que la sentimos fue leyendo las comparaciones estrambóticas de Lezama Lima. Nos dice Rey en su cuento *El Terror*: "Entonces reconocí los bajos tonos, las notas agudas en la voz que sonaba el fraseo como si el corazón fuese un zapato reseco." Pero esta vez no hay preciosismo sino rasgadura, porque esa voz que es de una veracidad excesiva —la voz ronca, rota, ese sonido callejero— es la que nos pide en los semáforos, la que guapea penosamente mientras este mundo antillano nuestro de cada día resulta cada vez más violento.

Rey Andújar es un escritor con el reto mayor que es pintar en todos sus matices nuestra realidad. Y son justamente esos matices universales los que logrará, sin duda, en el resto del largo camino por recorrer.

Edgardo Rodríguez Juliá
Guaynabo, 12 de marzo 2012

Aquella noche, aquel beso

para Chandrai para siempre

La gente diría que esa noche fue la locura, pero muy dentro de mí yo sé que no fue nada en particular porque ese recuerdo no me asalta nada, no me prende ningún tipo de resquemor y para mí no fue un hiato; nunca le he atribuido a esos hechos la capacidad alocada que puede tener la influencia del exceso de alcohol en los seres humanos, es más, podría decir que esa noche yo estaba hasta feliz. Por esos días estuve viviendo en Santo Domingo durante la semana porque conseguí un trabajo en una película que filmaban en la ciudad. Estuve ahí de director de casting local y los fines de semana, esto es, los viernes en la tarde, me regresaba a Cabarete. Allí estaba L. esperándome. Ese verano decidí pedirle a L. que nos mudáramos juntos y las cosas iban marchando de una manera bien extraña porque yo nunca recuerdo haberme sentido enamorado. Todavía hoy Lachan me pregunta si yo estuve enamorado de L. y le tengo que admitir un severo cambio de humor porque no puedo recordar el amor, como mucho lo que se me sube es el resabio de la ternura afiliada con la pena a alguien a quien se le deben un error o un favor. La noche en cuestión era especial porque era el concierto de Robi Draco Rosa y había conseguido tickets para el VIP. El concierto estuvo bueno. Fuimos Lachan y una amiga de nosotros que estaba allí de cooperante para una oenegé; Claudia se llamaba la jeva. Bueno, fuimos al concierto y nos dieron cerveza gratis por estar ahí adelante. El concierto estuvo cabrón. Estábamos bien prendíos ya cuando llegamos a la barra, a Parada, para darle para abajo a lo que quedaba de la noche. Ahí estaban los mismos panas. El problema con esa barra es que se convierte en una adolescencia, esto es, un fetiche peligroso, una barra de querer volver. Parada tiene un gancho terrible. Ahora que vivo lejos y que no se me aprieta el pecho al volver. Juro al desempacar y en secreto que aunque vaya a la Zona no voy a parar en Parada y quién dijo, siempre la noche termina ahí, o comienzan ahí los problemas. Parada 77 tiene tentáculos; se asienta en el cuerpo de mala manera. Siempre habrá que volver a la maldita barra. Esa noche es el recuerdo silente entre mis amistades. Resulta que Santo Domingo es una ciudad bastante estrei para lo que quiere aparentar. No se puede decir que Parada es específicamente un bar gay pero ahí los machistas tienen que bregar porque lo que se da siempre es un junte de todo el mundo con todo el mundo. Negar que en ciertas horas esa barra –al menos cuando yo visité– se le transformaba todo en una cosa bien sexual y sin género específico sería faltarle a la verdad. El asunto es que esa noche hubo un tipo al que yo no recuerdo haber visto antes pero que me acordaba mucho a un hombre buenmosísimo que estuvo conmigo en la Escuela Naval. El asunto es que el tipo empieza a joder como para querer bailar conmigo. El bar tiene sus reglas. Sí estaba bien que fuesen maricones y lesbianas. Pero los hombres no podían bailar con hombres aunque las mujeres sí podían chulearse hasta el cansancio en la cara de uno. Lo peor que puede haber en esta vida es una lesbiana empoderada. Los tipos que son mis amigos son conocidos por una ambigüedad sexual muy amarga y la cual insisten todavía en machacar con acciones que rayan en lo patético. Yo estuve ahí; quizás todavía estoy y eso me permite el exceso; creer que ellos todavía están estancados en ese tiempo y en esas maniobras; lo he comprobado con mis propios ojos; ya nada puede sorprenderme. El problema esa noche fue que en más de una vez el tipo este de ojos galanos me quiso sacar a bailar y yo atentaba con que sí pero los amigos me decían que me dejara de joder que yo conocía las reglas del local y a mí eso me supo a tres carajos así que me dejé tenacear por el tipo de los ojos galanos y bailar con él fue como decir *Spaghetti Western* porque las cosas dejaron de perder sentido; el *crowd* dejó de masticar los mismos hielos vacíos y las mismas estrategias de cortejo y desidia sexual. El delirio de la autocomplacencia. Yo exageré la voluptuosidad en los brazos de aquel hombre cuando la música se apagó como para obligarnos a dejar de bailar y yo con más maldad y recordando el único momento en que Jaime Bayly ha sido un hombre de verdad agarré a mi hombre y en vez de dejar de bailar lo apambiché muy bien para el medio de la pista y me apreté más a él quien para colmo me besó. Ese beso es lo que convierte ese recuerdo en un punto referencial para las relaciones con los amigos más cercanos que esa noche presenciaron el que un hombre me besara y yo le correspondiera como si se me fuese la vida en ello. Porque un beso de verdad, viniendo de quien venga, debe ser saboreado y mordido con el mismo gusto e igual mala fe que como viene. Por eso quizá es que estamos tan anestesiados, por esa represión en el temible juego de las decisiones. Que si playa o río; que si sol o luna; que si rojo o negro; que si *rough or tender*. Yo lo besé para atrás y ahí todo, debo confesar, no por la borrachera necesariamente, se torna ráfaga. Sé que hubo tensión, intrigas, discusiones; hubo apuestas; la gente cobraba apuestas; voces insistían "Yo siempre te lo dije". Lo único que puedo decir de aquel hombre es que fue un caballero y no tengo cómo agradecerle lo que ese beso me ha regalado: la posibilidad de la fuga; la constancia de ciertos sabores; el discernimiento sobre quiénes eran, cuáles y cuántos. Hoy que estoy más sólo que nunca recuerdo el tamaño de esa mordida. Los chismes y las recriminaciones. El drama mayúsculo. La palabras más sabias las tuvo Boris, "Cada quien hace de su culo un tambor". Me fui con esa máxima a un lugar de donde no he regresado. Hay lazos que se quiebran, vasos comunicantes que se cortan; cada vez regreso menos a Santo Domingo y a ese bar; los años pasan y recuerdo aquel beso cada vez menos, aunque nada cambie ya la manera en que nos damos la mano; los falsos apretones; las falsas promesas de "Debemos de tomarnos un café antes de que te vayas". Nos hemos perdido la vergüenza. Nos la perdimos para siempre aquella noche en aquel beso.

Mar y Macha Colón

La escena del crimen es un apartamento de lujo en Playa del Mar. Al final del quinto año acordado suena la máquina de contadera de billetes haciendo clic en un fajo último. De los tres presentes en el recuento, dos sonríen; todos están en verdad complacidos, quizás algo caldeados de ánimo, pero conformes. Macha propone destapar cervezas o enrolar merma, si se hace todo al mismo tiempo mejor. El que no sonríe aprueba y se toca la corbata desperfeccionando el nudo; quiere enviar señales de que está relajado. Es un hombre que ha rebajado un cojón de libras, pueden vérsele algunos pliegues pero definitivamente se ve mejor con el peso perdido. Todo el mundo lo comenta; le preguntan qué dieta está haciendo; él no responde, tiene una aguja en la garganta. Tuvo los dientes amarrados con alambres por mucho tiempo desde aquel atraco al camión blindado que manejaba.

Mar, una de las sonrientes, era una lesbiana de las que se paran en el Parque Duarte. Cuando llegó de Barcelona a Santo Domingo todavía tenía algo en el cuerpecito pero el bravo cerveceo y la fritura a las cuatro de la mañana no tardaron en redondearla

de mala manera. Mar es loca con la mariguana, tanto que de
vez en cuando viajaba a Puerto Rico [su posición económica le
permitía estas cursilerías] para exclusivamente bajar a La Perla,
comprarse una pali y un veinte de cripi y tirarse en el Morro, en
donde el atardecer es apogeo de color violento, sepia, chiringas
temblorosas de luz en el viento.

Luego, si la nota así lo decide, va y se encuentra con una
amante que se llama A. y pasan la noche en su bolsillo de la otra
cotidianidad.

Aquel viernes Mar había llegado de Santo Domingo a tiempo para
fumarse un leño y ver el atardecer y engordar un poco tirada en el
pasto; engordaba un poco más cada vez que veía a las mujeres bien
duras y tetas hechas y corriendo para mantenerse en forma; para
justificar esos pilates y toda esa ensalada. Mar vivía con respirar
el olor a orines que subía desde los ladrillos del Morro y se decía
"Esto es un país, Puerto Rico, esta gente está alante".

Ese fin de semana Mar no pudo ver a la amante boricua y decidió
rentar un cuarto de hotel en el VSJ. Consiguió habitación porque
era temporada baja. El tipo de recepción fue un poco rudo; se
notaba que estaba haciendo algo inútil para lo que él creía no tenía
tiempo; la trató mal también por ser lesbiana; él no las soporta.
Tampoco a las feministas. Hay una historia con eso.

El tipo de recepción se da cuenta de que la trató de piltrafa y para
evitar que la jefa se entere del incidente se disculpa. La manager
es lo que en Puerto Rico se conoce como una bucha; yo he considerado eso despectivo; a mí lo que me parece es que la mujer
tiene una bipolaridad circunstanciada. Pero es superinteligente;
buena gente cuando quiere, y se ríe bonito. Pero con todo y eso,
"Si se entera de que le hice una pavada a una congregante de *La
Hermandad del Puño Cerrado*, puedo perder mi trabajo".

Le decían "el Locator" porque desde bien nene agarraba cualquier instrumento y te decía de qué estaba desafinao y por donde; sabía la nota que se estaba tocando; nadie como Juani McClintock para identificar dónde estaba la vaina. Lo que le gustaba a él era tocar el piano. A los dieciocho ya estaba tocando con Guarapo Terengue, la orquesta de guaracha que desbarrancó corazones desde Bolivia, pasando por Perú, por Quito, por La Guaira; en Curazao había que ponerle seguridad en los hoteles cuestión de que las fans no los despellejaran. Gente viajaba a verlos; de Suiza venían; cuarenta y siete italianas en un año habían testificado que por lo menos les habían parido un muchacho; en Inglaterra eran el acabóse. Todo iba bien pero llegó la cocaína.

Para quedarse.

El tipo de recepción le dio razón de todas las barras de ambiente, para que no pasara ese fin de semana así. Mar se vio confundida y el tipo, que sabía que las había metido, las cuatro, le ofreció acompañarla al Aquelarre; esa noche había un show de *Burlesque* y las jevas que se trepaban por las cortinas que bajaban del techo eran otra cosa; para rematar iba estar DJ Locator. Mar tragó en seco y se dijo por qué no; aunque desconfiaba un poco todavía del chamaco.

Macha Colón la vio atravesar la pista como chavo prieto cuesta abajo; a todo fuete, bien dura. La chamaquita tendría unos veintidós años, del Municipio Autónomo de Caguas, tenía dos dreds y vestía cien por cien de una tienda de ropa gitana en donde se rompen las leyes de la lógica y la razón, véase la relación precio≠sustancia≠material. La jevita olía a pachulí y de seguro la nevera de la casa estaría llena de brebajes y arroz basmati. Hay que joderse. Macha Colón la estudiaba con el codo en la barra y la camisa planchada, cuando se dice planchada es almidón por ahí pa bajo; gemelos plateados y el pecho abierto en tres botones; una cadena con una medalla de San Miguel Arcángel y un anillo de oro hindú; ah, claro, también una pulserita amarilla de aquellas en una muñeca. En fin, que estaba ahí Macha haciendo su juego de Bogart en *El Halcón Maltés* cuando de repente, antes de tirar el discurso se le cruzaba en medio esta tonina de ojos hundidos, brazos rechonchos, sudor en la punta de la nariz, boca grande, grandes senos y se paraba en el mismo medio entre la chamaca pose rasta y la posibilidad de ataque. Me llamo Mar, dijo la barcelonesa con acento dominicano y ahí fue que las vainas empezaron a joderse.

Porque a la gente le coge en dos meses con mudarse junta. Cosas como comprar un perro y ponerle Tim. Ir a Costco.

Ir a Walmart los sábados en la tarde puede destruir cualquier relación; ir a Ikea dice quítate.

Así es como Juani McClintock "Locator" entra en esta historia. El hombre le cogió un gusto bueno al perico y terminó por mandar a la mierda la orquesta. Se mudó con dos jevas para la Isla de Culebra por un tiempo largo y de allá vino mezclando pistas en discotecas. El conocimiento académico de la música lo tiró bien por encima de todo lo que estaba sonando por ahí. Decir que el hombre iba a estar frente a los platos llenaba cualquier guiso. He ahí como el jevo se hizo dueño y señor de las noches del Aquelarre. Estuvo quitado del perico por un tiempo, lo logró fumando mucho pasto y bebiendo namás que vino cuando tomaba. Las noches del Aquelarre no tardaron en encausarlo de nuevo por la raya blanca. "Es que me amarga un poco, quizás por eso es que me gusta tanto", le confesó alguna vez a la psicoanalista; también le dijo que cuando se daba un par de pases sentía como si la mano de un cíclope le estuviese restrujando la cara.

Macha era una ficha fija en las noches del Aquelarre. Una que otra vez los dueños estuvieron a punto de pedirle que no regresara [odiaba las drogas pero le encantaba el ron, al pelo. Claro que se emborrachaba y hacía todo lo que está en la lista de "qué no hacer cuando se está con un jumo".] Una noche se pasó tirándole a una rubia tetona mujer de un turista; el gringo en una fue al baño y cuando regresó se encontró a Macha con la mujer agarrada por los cabellos; era un beso como de película mexicana de los setenta. Y se fajaron el gringo y la Macha como dos meros meros. Para decir la verdad, si Macha no hubiese estado ya en la ebriedad, el tipo no lo llega a contar. Pero la verdá sea dicha el gringo la sonó como pandereta de pascua. Antes del *fatality* apareció Locator con un bate; y bregó. Desde ese día se harían más uña que carne.

Mar no se fue ese fin de semana ni el otro. En el apartamento de Macha, que daba al océano, no fueron felices pero aprendieron el arte mentolado de la resignación. Ya no eran jóvenes y la realidad comenzaba a tornarse contundente; el futuro daba miedo. Mar no lo pensó dos veces y se mudó a la Isla del Encanto. Dejar el atraso dominicano era un sueño que gestaba sigilosa desde hace mucho. Los apagones, la falta de sentido crítico, la ausencia de una melancolía filosófica en los pupitres, la mojigatería con todo, desde la droga hasta el sexo… Ella tenía que dejar ese hoyo negro pronto; Santo Domingo se la estaba chupando; La Zona Colonial la tenía harta.

Macha decía ser arquitecta pero en verdad vivía de la mesada de los padres, que son ricos en euros. Macha Colón ODIA con un dejo adolescente a Gerencio Colón, el *Pater Familias*. Es evidente que este aberrar se regenera por la condición sexual de la hija; lo de siempre, era la única nena y la mamá ya no podía tener más muchachos y el padre quería una princesita y le salió el Espartaco; esto hace mutuo el sentimiento de desprecio.
Locator dudaba de todo lo místico hasta el día que saliendo de un afterparty en Rincón se vio involucrado en un accidente de tránsito. Murieron los otros cinco integrantes al impacto y él, salvo la cara tasajeada por cristales, no pasó por nada más. Estuvo

interno en Centro Médico dos noches abandonado. Una misionera de pelo en el sobaco le leyó el libro de David y lo ayudó a bañarse. Mientras le untaba jabón la muchacha cantaba himnos: "Qué dulce es el nombre del Señor / Fresca y limpia estaré para él / Qué fuerte su nombre es / Rebósame, derrámame el nombre de Él / Su nombre dulce / El nombre del Señor".

De ahí a que Juani McClintock dejara de llamarse "Locator" hubo un único paso. Se volvió prédica y Biblia bajo el brazo todo el tiempo. No encontró paz y mucho menos felicidad en la palabra del Señor pero tenía sexo cuatro veces a la semana; un trasiego fogoso y aberrado que provenía de su hermana amante, que por más evangélica que fuese ejercía bien los derechos del cuerpo horizontal. Todo iba bien. La singadera se compaginaba con las artes culinarias de la hermana. Juani aumentó de peso asquerosamente. Consiguió trabajo en una compañía de transporte de valores como chofer.

La compañía pertenecía a los Colón.

A la familia no le cayó para nada bien el que Macha hubiese mudado a otra mujer en el apartamento. La mamá nada más se tapaba la boca pero Gerencio se cogió las cosas a lo personal y en la discusión más encarnecida amenazó con dar plazos para que le vaciaran su apartamento. Esa noche en el nido no hubo arranques de valentía; en ningún momento Macha dijo: "Que se joda yo me las busco por ahí". No señor. Naca naca. En vez de coraje, le fue naciendo la clase de tirria que no deja respirar. Era ella o Gerencio. El viejo de mierda ese se las iba a pagar.

Una tarde de humedad asquerosa Juani llegó a la casa y se sorprendió de que los fogones estuviesen apagados. Llamó a la hermana varias veces pero nada. Un resoplar inhumano le mostró el camino de las habitaciones y ahí estaba la hermana hecha un garañapo en el piso. Con la voz rota explicó cosas relacionadas con biopsias, resultados y tratamientos imposibles de costear.

La posibilidad de la muerte. Juani pensó en un versículo que lo abatía "Ahí está Señor el diabólico mañana respirándome en el lomo". Juani no contaba con el don de la resignación. Hacía falta un dinero para esa quimio; ella fue la mujer que lo bautizó en aquel baño hediondo a muerto. Tenía que conseguir ese dinero. El Señor lo iba a escuchar.

Quizás no fue casualidad entonces que Juani encontrara a la pareja de lesbianas saliendo de una tienda en El Escorial Shopping Center. Las mujeres no reconocieron a Juani de inmediato. No hubo tiempo para la reminiscencia, se repitieron hasta el agotamiento los saludos y los *cuánto tiempo*. No podían dejar al silencio poner sus huevos allí. A Mar la gordura del hombre le reveló la propia. Juani habló de la desesperación económica, del cáncer, de las precariedades de la salud pública. Mar corroboró con ahínco. Le había tomado solo un mes darse cuenta de que Puerto Rico estaba tan atrasado como la República y peor aún, aquí nada le sabía a nada; en varias ocasiones había pensado suicidarse.

Juani era la opción. Si Macha quería joder al padre tenían que darle donde le dolía. Macha pensó algo así como dañarle la reputación pero Mar le dijo: "No estúpida, a los ricos se les aterra con el dinero; hay que amenazarle la bolsa; ahí es cuando se sienten temblar". Macha no quiso entender pero entendió. Juani, el camión...

Todo empezó a perder el sentido.

La verdad era que la hermana estaba cada día peor y las oraciones habían agotado la paciencia de un hombre que como ya se ha dicho no conocía el resignarse. La oferta llegó por parte de ambas, que lo habían invitado a comer pollo asado y vieron como ese tolete se enchufó un pollo entero con tres servicios de yuca al mojo sin apearse del caballo; luego de beberse medio litro de aistí y eructar seis veces pidió que le dieran la fecha y lo que tenía que hacer; ah, y que iban a partir en partes iguales. Pero he ahí el asunto. No era un atraco "de verdad" al camión, era un performance. Ellas querían ser arrestadas por la policía. El padre al enterarse iba a armar un escándalo; quizás iba a querer dejarla presa pero a la mamá le daba un infarto; eso lo jodía doblemente, por el dinero y también por la reputación. Hubo un momento de duda porque podían dejar presa a Mar, pero como tenía ella los ánimos, con la gordura revuelta y el germen del auto crimen, ella dijo: "Que se joda", con el cantadito boricua, que ya se le había pegado.

La mañana del atraco el hombre oró luego de desayunar catorce huevos fritos. Repitió los versos cuando tomó las llaves del camión: "Por sendas de miel y mirra me guía / Del recodo del veneno me aleja / Dulce es su nombre / Dulce es". Lo extrañaba la ausencia de miedo o de vergüenza. Era como si cometiendo esta locura estuviese redimiendo tantos años de inercia, de abulia ante lo atroz. La violencia le excitaba. Cantaba los versos ahora a todo lo que da. Iba eufórico. Las mujeres por su cuenta iban en la de *Thelma y Louise* bien retro. Se habían puesto chalecos de cuero y gafas negras. Llevaban pistolas tan de mentiras que parecían de verdad; pesaban de verdad; particularmente la escopeta recortada que tiraba bolines de goma. Macha iba conduciendo con la imitación de la nueve milímetros entre las piernas. Mar se decidió al final por el rifle. Escogieron el camión del pleno día, cuestión de evitar tapones; un miércoles; no se preocuparon en elegir rutas de escape porque ese no era el asunto. Las cosas al final saldrían bien porque no era un atraco de verdad; el gordo mantendría el trabajo y con el dinero que prometió pagarle Macha después que se resolviera esto, podía costearle un par de tratamientos a la hermana, que ya estaba calva y vomitaba de oler la comida.

La quimio puede descojonarle la fe al más creyente.

Ahí en el parqueo, llegaba la hora cero y el plan saliendo a la perfección; nada de policías cerca. Cuando el acompañante del gordo entró a la tienda y éste estuvo fuera, las mujeres llegaron guayando gomas y diciendo los acostumbrados "¡nadie se mueva, todo el mundo al piso puñeta!". Y todo salió tan bien, tan de verdad, que a Mar, que le hedía la vida, le dio con cambiar el rumbo de las cosas y con la cacha del rifle le descojonó la mandíbula al gordo, que buscaba la mirada de Macha; los ojos de ambos se encontraron en el "¿Qué cojones es lo que está pasando?". Mar cogió unas bolsas de tela que estaban esparcidas y sacó del espanto a Macha con un "¡Muévete cabrona!". Se montaron en el auto y salieron como si nada. Manejaron como quien va para Canóvanas y no las cogieron. Increíble Caribe.

Juani, con todos los dientes guindando y la mandíbula fuera de su sitio en siete partes entendió de una vez por todas el significado de la palabra *Trambo*.

Juani cayó mal preso y duró cinco años de los cuales pasó dos tomando terapia en el área maxilofacial de Centro Médico. Lo que no pudo recuperar fueron los cinco dientes que le voló Mar de aquel fuetazo. La hermana murió dentro de la cotidianidad y una esperanza que nunca le fue auspiciada. Tampoco entendió el lío del gordo; la tristeza terminó lo que el cáncer diligentemente había empezado. Juani estuvo tanto tiempo con la boca cerrada con alambres que se le olvidó el apetito. Aunque su caso fue desestimado no tuvo dinero para trámites y ahí se quedó toda la sentencia. Cuando salió hubo un mensaje esperándolo. Eran Mar y Macha, para darle el dinero que le tocaba del asunto.

No las cogieron pero Macha llamó al papá para extorsionarlo. Entre las cosas que se habían llevado estaban unas grabaciones de un senador que podían implicar a media isla y a Gerencio no le quedó otra que resolver. Las tipas quedaron bien paradas. Se mudaron para un resort exclusivo y se dedicaron a vegetar, a gastar el dinero en compras por Internet. Se pasaban tardes enteras en Costco. A veces a Macha le daba cosa por Juani, por haberle jodido en cierta forma la vida, pero nunca lo fue a visitar a la cárcel. Averiguó todos los datos y creyó justo que a su salida se le entregara su parte del dinero. Mar no tuvo problema. Así fue como llegó ese sábado Juani McClintock al apartamento de Playa del Mar. En su declaración consta, "...Cuando me entregaron el dinero apreté la manija con dos dedos. La más gorda me preguntó que por qué no sonreía, que si no estaba contento. Tuve que tragar duro y recité unos versos por muy dentro mío, 'Tuya es la mano Señor / Tú eres el guía / Tuya es la fortaleza / Porque dulce cuán dulce tu nombre es.' Reestablecido por el cántico hablé por fin, 'no me puedo reír, so cabrona, ¿porqué me tumbaste los dientes?'. Creo que eso fue lo que me dio la euforia y saqué el cuchillo. Cuando me vi tasajeándola, cuando me vi la mano de sangre, entonces fue que supe de mí".

Cuando terminó con Mar correteó a Macha por toda la casa; la vino a coger en la marquesina, entre una Hummer blanca y un Mazda Miata rojo mamasita. Juani McClintock, alias "Locator," describiría la noticia. Tuvo todavía el tupé de llamar al nueve once desde el propio celular.

Los servicios de emergencia, la policía y titirimundati llegaron a la escena cuarenta y ocho minutos después del estropicio. Encontraron al Juani bañado en sangre, con el arma deslizándose de la mano fracturada de tanta puñalada; los pies dentro de la piscina del condominio. Juraba suicidarse.

Locked

Basado en un video de Quintín Rivera Toro.

San Quentin, i hate every inch of you.
Johnny Cash

Pasado y presente se reúnen en su cara por entre el verde aceite de los barrotes. Cuando lo conocí todavía firmaba Quentin y lo pronunciaba en inglés, asociándolo con un director que admití desconocer. Aquella vez hablamos dos minutos. El tema era algo relacionado con lo masculino; el nuevo rol del *hombre* en la sociedad. Fue al grano; me explicó para qué era bueno. Luego de una pausa nerviosa que ahora quisiera olvidar, él, que no cumplía los treinta años y se llamaba como el padre aunque firmaba como ya dije, apareció dos sobres desde una papelera. No se me brindó ni agua ni café, que yo recuerde.

Adentro hay dinero e instrucciones… después de esta reunión usted y yo no nos vemos más, dijo sin respirar, mientras decidía el futuro de nuestras relaciones. Quentín, aunque aún no respondía por ese nombre, deslizó la puerta de cristal, encendiendo un

21

cigarrillo todavía de este lado. Al parecer, la entrega del efectivo y las instrucciones, que suponía una tregua al desasosiego, lo sembraba en la crudeza del ahora y sus peculiaridades. La esperanza en estos tiempos es un veneno, aunque él no podría saberlo; tan alejado del mundo. El pobre.

La diligencia que alejó a Quentin de las noches de espumante y cocaína de Ocean Beach tenía su mismo nombre y apellido. Don Quintín Aguabella era rico de verdad, esto es, en euros. Pasaba sus últimos días del alzhéimer en un apartamento de lujo en Santurce, un área de la metrópoli venida a menos y que ahora se encuentra en la última racha de buena salud que gozan los desahuciados. La enfermera que se atrevió a la llamada interrumpió al joven durante la cena. La cosa empeora gracias a la mezquindad de una vecina que no le da break, le informaron. Ante el silencio del otro lado de la línea, la mujer explicó en detalle cómo la señora sin alma se había encargado de hacerle la vida imposible al padre. Los intentos por trazar una idea que justificara la suerte de venganza que tenía montada la vieja ésa eran inútiles y la conclusión al parecer fue simple: la bruja jodía por joder. Hay mujeres así, determinó la enfermera poco antes de que Quentín le espetara la noticia de que salía esa misma noche a resolverlo todo.

La única solución era salir de ella, resolvió el hijo cuando pudo constatar el daño que le hacían a Quentín, el mayor, los peinados y vestidos de la mujer. Era idéntica a la esposa muerta. El viejo, con los nervios hechos un sarumero, no iba a morirse en paz con el asedio de la impostora. Me enteré de que la relación entre padre e hijo nunca fue tersa, pero como él dijo cuando me señaló otra vez los sobres y la salida, la doña tenía que desaparecer. La imagen que conservo es la del rostro trancado; la mano temblorosa de cuchara con papilla hacia la boca del padre quien, con el gesto estremecido, pretendía fantasmas con un gajo de voz. Es esa misma facción la que identifico ahora por entre los barrotes que me lo brindan reservado pero accesible, preguntándose qué esquina de la vida fue la que dobló mal; cuándo la relación con el padre se le fue al cataclismo.

Pero él no está solo con sus inquisiciones: en mi celda, la mayoría de las noches me mortifica el pensamiento de que para nada sirvieron los sobres, el dinero, el odio, las instrucciones.

La redención de la señora Kentridge

El dolor llegó rompiendo la semana. Era miércoles y Míster Kentridge almorzaba en el Club de Polo. Al ordenar el Fernet-Branca sintió una punzada de calor encima del tronco costillar. Se llevó la mano al corazón para que éste averiguara; para que, acariciando en forma de pregunta, el tacto le refrescara un poco ese fervor adolorido que le oprimía el torso… que lo doblaba en un deseo dulce de querer dormir.

Poco después del miedo, respiraba trabajosamente en la suite de un hospital. El primer doctor llegó con un aire funeral. Le hizo una venia demasiado lenta a Missis Kentridge, quien bordaba sin mirar la labor. El Dr. Gaastra extrajo un estetoscopio demasiado largo del impecable bolso de cuero negro. Respiró hondo.

"Veamos".

Mientras auscultaba la masa agonizante, comentaba un pasado que no ascendía a recuerdo feliz. Estas frases, aunque reveladoras, tenían muy poco de reproche; fueron compuestas desde un acento blando, de confesión:

"…desearía encontrarle sentido, en verdad: usté casi me ve morir en Malevosick… Todos aquellos hombres, las torturas;

ahora, la humillación de las cicatrices. Y usté lo veía todo sin sudar, entornando la vista para confirmar la ausencia de lástima... *And now I am ushering you, like* Caronte".[1]

Míster Kentridge abrió los ojos lentamente, restándole sensacionalismo a la confidencia; podría decirse que fue ese el único movimiento, si se ignora la parsimonia pulmonar. El dolor regresaría dentro de poco para confirmar que estaba vivo, aunque ya no coleando mucho que se diga.

El Dr. Boresnan se acercó con paso sinuoso. Reparó en el colega mediante una tímida venia con el sombrero. Se inclinó, ceremoniosamente, para besar la mano de Missis Kentridge. Demoró el gesto, dejando saber lo apenado, lo sorprendido, lo esperanzado...

Traía el estetoscopio ya colgando y fue a lo suyo. No intercambió miradas con el otro galeno, sino suspiros y golpecitos de lengua en el cielo de la boca que expresaban un malentender. Aún así, el doctor se las arregló para dejarle saber a Míster Kentridge el porqué del orden natural de las cosas, "...lo más interesantemente terrible de todo esto, es que usté no sólo presenció las torturas sino que aprovechó para hacer fotografías. El miedo se le podía sentir en los orículos, pero nunca paró el dedo: usté seguía disparando, acentuando las ofensas con el fósforo de flash. Y ahora míreseme aquí, que sólo me falta capucha y guadaña. '*Comment pourrais-je croire à la mort; puisque je sais que tu mourras un jour.*' Prévert".[2]

El dolor regresaba para quedarse. Cada respiro era un inspirar blancura y expulsar tachuela. Míster Kentridge se estaba muriendo. La primera dama propuso un té.

Pasaban a los bocadillos comentando sin entusiasmo la toma definitiva de la Ciudad por la avanzada del Brigadier Chevremont.

---

1. Y ahora te llevo de la mano cual Caronte.
2. "Cómo puedo creer en la muerte, puesto que sé que te morirás un día" Prévert.

En la etapa final de un escabroso conflicto, el nacimiento de la Gran Nación Haitiana del Caribe era un hecho. Justo en ese momento cesó el tintineo en la vajilla de la Dinastía Kagemura; las mandíbulas se detuvieron a mitad del chocolate y los churros.

Era el tercer doctor: llegó determinado; avanzando con una fuerza inmarchitable coronada por la sonrisa ancha, casi sincera. Venía escoltado por dos sicarios de La Organización Secreta[3, 4]. La Oese habría movido cielo y tierra dando con el mejor doctor de la ciudad, quien además se preciaba de discreto y diligente. El joven y apuesto Dr. Nasaro era joven, arrebatadoramente joven; tenía ese brillo miel de leche en los labios. Para él, la edad del martirio era todavía una quimera absurda: el mundo era ancho, largo, abarcable... Pidió un café corto, prieto y sin azúcar. A Missis Kentridge no le quedó de otra que derretirse.

No saludó a los colegas; los despachó con elegancia. Los pobres, entendieron y se fueron arrastrando el bate, con la pena terrible de haber dejado la venganza a mitad. El efebo sacó la sonrisa de los mil toletes junto con el estetoscopio pero no se enganchó el aparato: lo relajó en la siniestra, apostándose en el ruedo de la camilla y buscó la luz que mejor le sentaba: no era un doctor, era un santo.

"Confianza, míster".

El Dr. Nasaro corresponde las miradas y el desasosiego en la primera dama. Toma el brazo derecho del convaleciente. Inocula. Saca la jeringa del cuerpo inerte con una calma cariciosa. Missis Kentridge abandona el proyecto de la tejedera; ese hombre es de-

---

3. La Organización Secreta es una institución del crimen desde Aquel Tiempo, el Primero. Su líder, Haramis Camilius, es un hombre que siempre anda de traje tan planchado que brilla, guantes kakis y parche rosado en el ojo. El sombrero nunca falta y el acicalamiento del bigote es fundamental, necesario, si se quiere.

4. Míster Kentridge es parte importante del presente de la Oese: supervisa el manejo de las cuentas por cobrar; es un hombre meticuloso y letal: mata con el señalamiento de un dedo.

masiado bello para desperdiciarlo en pespunte. Hay que mirarlo y morirse por él. En él.

Luego, el fenómeno: Míster Kentridge recupera de a poco el color y amenaza con un parpadeo. Nasaro no se muestra sorprendido.

"Todos lo esperábamos... tantísima fe hemos impartido, era cosa de no pensarse...".

Missis Kentridge va de aquí para allá buscando qué decidir, en dónde permanecer. Míster Kentridge mejora sorprendentemente. Las frases intentan formarse desde un recuerdo... lentas señales de ruido y nostalgia se tornean trabajosamente en el cielo de la boca, apretando, empujando desde dentro, cuestión de separar los labios, acondicionarlos a la danza del discurso.

"No se esfuerce", sugiere Nasaro... pero ya es demasiado tarde.

"Yo. A usté, qué le hice... cuándo, cómo le falté...".

Las palabras salen tropezadas pero con ímpetu de regreso, de búsqueda de razones; intentos de interpelación, en suma. Nasaro duda un poco. Intenta con la sonrisa; mueve la cabeza, ejercita el recuerdo. Nada.

"No que yo sepa, mi estimado".

"¿...Seguro?", intenta el enfermo con la fuerza acalorada en el dolor que sale por la boca. Luego, el puntazo en el pecho desaparece, dando paso a una tregua mentolada. El doctor se ajusta la corbata; inmerso en una bella confusión de miedo y respeto, juega con el universo de pelusas y calderilla en los bolsillos. Mira por debajo a la missis, quien no puede disimular el gusto; Nasaro se sobrepone, aclara:

"No le debo nada, ni un solo pasado. De la única manera que he estado cerca de usted es desde mi admiración".

Míster Kentridge duda un poco del milagro. Sí, el dolor ha cesado; respirar no es ya una proeza. En un gesto sin precedentes, el resucitado despacha a los doctores ultrajados. Nasaro hace repetidas venias, siempre de espaldas a la salida, ignorando la pesadilla. Como relámpago, la mano izquierda del sátrapa se levanta con energía, recuperando el mundo. Los sicarios detienen a Nasaro. Desde la firme siniestra sale el dedo, señalando. La voz es nueva, tiene aura de Tercer Día.

"Desaparézcanlo... pero que ni en los centros espiritistas".

La señora deja caer los ojos; es la única que logra ver la cara del muchacho que durante el estupor de la siesta fue quizás hijo o amante, ahora descalabrada por el horror. Míster Kentridge ordena el digestivo y parpadea. Madám Kentridge retoma el laburo.

Y vuelve a tejer.

El Terror

para RRS

I

Le pregunté "Cómo se escribe eso" y ahí fue que pude verla totalmente. Legna: el pelo alborotado, rizos hacia los lados enmarcándole los ojos grandísimos y la gran sonrisa cuadrada. Me había empezado a enamorar de ella cuando la vi entrar sin saludar a nadie y pasar al cuarto de atrás para regresar como si la cruz hubiese sido depositada. Evidentemente se acababa de dar un pase de algo bien bueno porque ella salió nueva. Y enamorarse es poco; quedé asfixiado de ella.

Arrebatadoramente.

Ese era el apartamento de Vito Marcelino, un boricua a quien terminé visitando todos los sábados porque con dos años en Nueva York todavía no conseguía una conexión para adquirir materiales y con él nunca hubo problema. Lo conocí ese verano.

Era el luminotécnico en un teatro de mierda en Brooklyn donde me presenté un par de fines de semana con una producción horrorosa que se llamaba *Cinema Utopía*. Era el dinero más fácil del mundo. Hacía de una quinceañera retrasada mental; me ponía vestidos, besaba hombres, me babeaba por toda la sala levantándome la pollera y mostrando el bajo mundo. La gente se reía hasta irse de culo. En un break de los ensayos me encontré a Vito en el patio del teatro fumando un poco de merma y me brindó. El material estaba muy bueno y le dije si podía comprar. Me dijo que me lo conseguía que no había problema que él llamaba a su contacto. Un soplido de confianza me insufló el cuerpo. Me invitó a una fiesta en su apartamento y ahí comenzó el episodio Vito Marcelino, y luego Legna, y más adelante el Terror.

Nueva York no resultó en lo esperado. Por aquel tiempo vivía en la penúltima parada del tren F, entre Jamaica Plains y Kew Gardens en un apartamento que compartía con una muchacha que debatía sin prestigio la ruina de los treinta y dos años y una doña que se cocinaba lentamente en el recuerdo de una clase media alta tercermundista y el olvido de su prole. El apartamento era grande pero mustio y flotaba en un insalvable alivio de luto. Con la treintona varias veces transé negocios del bajofondo, pero eso es otro cuento. La vieja escuchaba tangos y rancheras unos sábados en la tarde que comenzaban a las dos con un acostumbrado arroz con pollo para nadie; luego la lectura de un rosario con café y galletas añejas poco antes de la prima noche y luego de Sábado Gigante lo que venía era una tanda de canciones desde un desierto que le otorgaban razón y sentido de causa a cualquier exceso prolongado por una sola frase masticada de la boca de Rulfo, a quien Dios debe tener bien aplacado en lo celeste. Éramos tres fantasmas claro está.

Llegué a Nueva York con unos sueños que se trozaron de inmediato. Salí sin un puto abrigo por la terminal del Kennedy y un tajo de enero me abrió el pecho llenándolo de heridas de volver. Pero, ¿a dónde? Dos años y no me planteo el regreso. Me acoplo;

trabajo en una tasca española en Manhattan, gano lo suficiente para pagar la renta, comer indecentemente y fumar merma de manera disciplinada. Empecé haciendo teatro latino por el área de Corona Queens. Teatro de aficionados, de horas robadas al sueño, teatro mediocre, patético la mayoría de las veces.

"Pues a mí las drogas me gustan mucho", dijo Legna con media cara cubierta por la sombra de una lámpara sicodélica. El boricua había salido a buscar unos materiales y tirados en los cojines acabábamos una botella de Brugal Añejo. "Vito me dijo que tú eres poeta". "Escribo", le confesé sin darle muchas vueltas al asunto, sin mirarle los ojos. Las piernas eran largas, la falda recogida no dejaba adivinar mucho; el vientre plano, buenas tetas, hombros alineados, el color de la piel era oliva claro. Era venezolana de padres portugueses. Ella se paró inmensa y alargó el brazo hasta tocarme la cabeza; olía a un perfume de bosque claro. Encontró *Apostrophe* de Zappa y lo bailó un poco. La luz solo le iluminaba las piernas. "Y de qué escribes...", preguntó bailando. No le contesté y me largué lo que quedaba en el vaso. Me le acerqué bailándole sin tocarla. Las cosas podían joderse ahí mismo pero le clavé la cabeza en la esponja de los rizos que olían a lo que después supe era sándalo. Habíamos fumado temprano; íbamos a fumar otra vez cuando llegara Vito, que había prometido conseguir un material *potente*.

Bailamos durante un buen rato hasta que ella fue a buscar de nuevo su trago y se recostó de una ventana a ver el sol de Brooklyn caer. El baile fue la confirmación vertical del fracaso horizontal, pero hubo bellaqueo y ese bellaqueo era una promesa. Manejé el silencio lo mejor que pude. Ella lo rompió preguntándome si había publicado algo. Dije que no sin voz y pensar en la novela a la mitad en la mesa de la habitación, entre ceniceros, botellas vacías y tazas de café mohoso, me hizo recordar a las dos mujeres pudriéndose en el apartamento. Dos dominicanas en el exilio voluntario de la dignidad de morirse de soledad fuera del país con tal de tener el queso gubernamental asegurado en una nevera grande. Nueva York todavía eran las dos palabras que conformaban un prestigio doblado; el anhelo interrumpido. Me serví otro trago de ron y encendí dos cigarrillos. Con los ojos cerrados encontré un disco de Capitain Beefheart & The Magic Band. Ella cerró los ojos y apretó el filtro entre los dedos y fumó como si estuviese comprometida a llenar de niebla la prima noche. Nada más hice decirme que iba a besarla cuando se escuchó el traqueteo en la puerta. Vito Marcelino había llegado diciendo, "Who wants to do some drugs?!"

El Terror era un enigma. Supe primero de él por la treintona del apartamento, quien en una madrugada de piedad se había dejado deshacer de pie en la cocina; fue cuestión de levantarse la falda. No tuvimos que encender las luces pero el tacto no miente y ahí estaba el culo caído y la miseria de los kilómetros de celulitis. Después de dos polvos bebíamos café bautizado con ron panameño aún con las luces apagadas. Me invitó a escuchar música a su habitación. Era uno de los discos piratas del Terror, una canción dedicada a Vickiana, una vedette en decadencia que tuvo su momento de gloria en el desfase de los ochenta. Salvo la guitarra y la voz todo lo demás era prescindible. La brutalidad del fraseo me persiguió hasta más allá de la madrugada; pocas veces había escuchado un instrumento ser tocado con tanto desgarre.

La rutina de ese fin de verano era simple. La obra terminaba y del teatro nos íbamos al apartamento de Vito a poner discos y a quemar material. Yo no me atrevía a hacerle la movida a Legna. Algo en ella, quizás la exageración de su juego místico, me intimidaba todavía. Ese sábado llegó con las botas de vaquero destartaladas y la falda de hongo matizada con el baticinturón en donde llevaba una armónica y los cigarrillos y el dinero y los materiales, un top blanco sin sostén y el olor a madera y los discos de Zappa. Se dio dos fuetazos de perico y dijo mirando al techo, "I am going to buy me a horse, just about this big...", y luego de una pequeña sonrisa empezó a tararear el estribillo de la canción dedicada a la vedette dominicana. No me quedó otra que mirarla y exigir respuestas. ¿Dónde había escuchado esa canción? ¿Quién era el supuesto Terror? ¿Qué carajo significaba Legna y cómo lo deletreaba?

La tristeza de la señora, supe después, radicaba en la muerte de la hija, quien tuvo la mala suerte de encontrarse en medio de una balacera entre la policía y un secuestrador de banco en uno de los atracos más sonados de la reciente historia dominicana. Recuerdo haber visto el suceso por televisión. El caso de la chica trajo mucha controversia porque se le reprochaba a los policías que cómo iba a ser que, si ellos supuestamente debían rescatar a los sobrevivientes, terminaran acribillándolos por ineptitudes. La autopsia nunca fue revelada, así que supuestamente los balazos se los dio el asaltante. La doña no quiso saber nada más y se refugió en ese departamento, con una colección de fotonovelas y la esperanza del arroz con pollo de los sábados de milonga y embriaguez.

"Legna es ángel al revés", dijo por lo bajo una semana después, ofreciéndome la boca con la que jugué un poco a la anticipación. Oliéndole el aliento. Dijo tenerme una sorpresa y en vez de poner un disco fue al baño a lavarse la cara y retocarse el maquillaje que también cargaba en el baticinturón. "Vamos para la calle". Yo me dejé arrastrar siguiendo el olor a madera y mirándola caminar por la anchura de las aceras de Brooklyn. Nos dimos una cerveza en una barra en donde dos señores veían un partido del Boca. En otra barra, dos cervezas y shots de Jäger y bailamos resbalando por la vellonera, *Happiness is a Warm Gun*. Cayó la noche y llegamos a una barra oscura llamada Caña y le pasamos por el lado a la fila porque el moreno de la entrada la conocía. Todo Nueva York sabía quién era Legna menos yo. Desconozco tanto esta ciudad. Adentro, ella fue al baño a darse los pases mientras yo compraba las cervezas. Soy un desconocido para esta ciudad. Un olor a merma llegaba desde atrás; también allí una banda afinaba justo antes de empezar. Entonces reconocí los bajo tonos, los rotos agudos en la voz que soneaba el fraseo como si el corazón fuese un pie dentro de un zapato reseco. Legna me ignoró y se acercó bailando hacia la improvisada tarima mientras el Terror le partía la madre a la guitarra prometiéndole cosas imposibles a la vedette de caderas anchas en la desgraciada década de la distancia ochentera dominicana. Luego supe que el hombre no le cantaba a la mujer sino al deseo de querer dar ese mismo concierto en las esquinas coloniales de su barrio y sus tígueres. Descubrí que por más que lo idolatraran las chamacas *hip* de Brooklyn o las treintonas en la asquerosa soledad de los sábados de Union Parkway, él iba a querer regresar al bajo a mierda de Güibia, a la basura de la playa de Montesinos, a la filosofía Barra Payán cuatro de la mañana, a los colmados de Ciudad Nueva, a la posibilidad del atraco en la Charles de Gaulle o los moteles de los kilómetros: Santo Domingo, una mordida en el beso negro. El Comala al que se odia en silencio políticamente correcto.

Esa noche me dejé intimidar por la certeza de que el verano había acabado y con él las noches de material en el apartamento de Brooklyn. Conservaría por un tiempo las ganas de romperle la madre al ángel al revés. Quizás todo eso valió la pena solo porque esa noche supe quién en verdad era el Terror, pude ver de cerca su miseria y el diamante de las canciones y el quilate acústico del deseo de cantar. Tanto verano para terminar comprendiendo que lo único que arrastran los inmigrantes, además de los planes y el ciego compromiso de progreso, es la antropología básica; los afables sonidos que nos conectan la tierra a los huesos, las lágrimas al nervio; la distancia entre lo dicho y lo hecho, los grados de separación de la sangre.

II

Ese invierno terminé la novela, un confesionario de setenta y siete páginas, a propósito como cursi conmemoración del año de mi nacimiento. Un texto escrito como venganza con la intención única de que mi madre lo leyera para traerle a la memoria algunas terribilidades e informarle otras. Para joderla por su ausencia; para lastimarla. Ella se apersonó en Queens desde Ámsterdam. ¿Qué haría ella en Nueva York? Muchas cosas habían cambiado desde el fiasco de las Torres. Mi tía Magda se había intentado suicidar ya dos veces a fuerza de Panadoles y ginebra, así que mi abuela tuvo que dejar su bolsillo de pobreza villaduartiano y montarse por primera vez en un avión. Mi mamá estaría pasando Navidad con la familia en South Bronx. Cuando fui a ver a mi tía al hospital, ellos –la Buela, Magda, y su marido, un colombiano llamado Amílcar– se sorprendieron calladamente del cuerpo raquítico, los ojos hundidos, los pómulos apretados y las manos lacias de un tipo al que el otoño no le había sentado para nada. Me perdí en Manhattan ese otoño. Pasé horas en parques, en calles imposibles ahora de ubicar, de exteriorizar, pero con solo cerrar la mirada en este instante podría palpar para mis adentros el olor de tal o cual tarde; la trayectoria de un sábado cayendo; el resabio de todas y cada una de las resacas; a ráfagas a veces el cuerpo de la treintona que se colaba por las noches frías cada vez con más calma, dejando caer la entrega de a poco, como por coincidencia escondiendo huevos en las esquinas. Escribía a retazos. Releía cosas tan dispares como Galeano y Arenas con furia indistinta; me dejaba tocar en los bares. Mi madre se enteró de esta dejadez y quiso procurar por sí misma el retrato hablado de la ruina. Anunció que venía dos semanas antes. Para esas fechas estuve actuando en un teatro de Corona Queens, una producción llamada *La Zozobra*. Me vestía de mujer con cinco atuendos diferentes y hacía un trísom con un uruguayo hermosísimo de apellido Aramburu y un ecuatoriano desabrido llamado Saquicela. Invitaría a mi mamá en primera fila para que palpara el currículo del fracaso. La rebeldía me había llegado al cuerpo, tarde, pero se había al fin instalado en sus años de ausencia; en la falsa manutención del amor por tarjetas de llamadas y promesas de verse en los asuetos. Mi madre llegó y se apersonó al apartamento de Queens. De inmediato procedió a revisarme las venas y a buscar signos del vicio en los cajones. Volteó el cuarto de adentro para afuera sin decir buenas tardes. Me preguntó qué era lo que me estaba metiendo; dijo que yo la enfermaba; que cómo era posible, después de todo lo que ella había sacrificado. Salvo un exceso innecesario de condones no encontró nada. Pidió que por favor le llamara un taxi. Se estaba quedando en el Bronx y si me daba la gana podía pasar para Nochebuena. Y pasé. Allí se habló de mi abuelo muerto y tuve un ataque de pánico. Salí al pasillo y Amílcar, en el principio de la borrachera me sugirió dejar la cocaína. Quise explicarle que yo no me metía perico pero él siguió haciendo el gesto universal para significar el esnife y entendí que no valía la pena intentar razonar. Se me ofreció quedarme pero dije no gracias. Antes de despedirme invité a mi madre a la obra y luego a cenar.

El último cambio de vestuario en la obra me deja con un vestidito *tube* negriblanco. Ella se hizo la que nada pasaba pero no pudo evitar preguntarme, a la salida del camerino, si yo pretendía salir vestido así, y le dije "Claro que no, déjame que me retoco el maquillaje, no voy a salir así como una loca a la calle". Ella se jugó bien sus cartas de mujer cosmopolita que ha vivido casi toda su vida entre las vitrinas de Ámsterdam. Fuimos a una tienda de discos y me compré el último disco de Charly, *Influencia*. Ella se compró un disco de Lucecita, dos discos de Sabina y me regaló *Honestidad Brutal*; hace mucho que yo quería echarle mano a ese disco. Fuimos a comer a un restaurante japonés detrás del barrio hindú de Corona y allí hablamos en un tono bastante afable para mi sorpresa. Por la quinta cerveza mi madre me preguntó en verdad qué pasaba e inmediatamente pedí dos cervezas más y sake caliente y le dije lo que había. Le confesé que no me estaba metiendo ninguna droga más allá de los cantazos de material que quemaba en los parques. ¿Que si estaba bebiendo? Sí, muchísima vodka, hasta hacerme daño. No eran drogas ni locura. Era tristeza. Una tristeza dura y seca. Simple en realidad. Tenía que ver con el hecho de no aprehender la ciudad, pero no fui tan lejos hasta decirle eso. Lo dejé en la tristeza y luego añadí la novela y la imposibilidad de seguir adelante después de aquel verano, en donde había pasado algo a lo que tampoco podía ponerle nombre verdaderamente sino con metáforas y exceso de adjetivos; eso era lo que le estaba entregando, la novela, que no era ni siquiera para publicar sino para que ella y mi hermana la leyeran. La puso en su cartera y prometió leerla y dijo que el sake la estaba mareando dulcemente. Pidió dos cervezas más y me rogó me fuese con ella a Holanda, o a Santo Domingo en todo caso. Ella había visto en mi tía Magda, deprimida hasta el intento de suicidio, lo que esa ciudad podía hacerle a la mirada de la gente. "Vete", me volvió a insistir, y no hubo que discutirlo de nuevo.

Lo único que me llevé para Santo Domingo fue un bulto con los libros de Galeano y Arenas y el vestidito blanquinegro, una peluca, el *makeup set* que utilizaba para los performance. Nada más hice poner los pies en la mediaisla y comprendí el tamaño del error pero de todas maneras me quedé tres meses. La primera semana estuve en Villa Duarte, en la casa de mi abuela, y aquello se volvió insoportable. Demasiados recuerdos, sobre todo los olores y el calor y los mosquitos. Además, el miedo a un atraco se había sembrado firmemente en los callejones de aquel barrio. El dinero que mi madre me prestó se me hizo suficiente para alquilar una pieza en Santa Bárbara, al otro lado del río. Me encontré una que otra tarde con los amigos de atrás en las barras y *afterhours* de la Zona. Apostamos a que las cosas habían cambiado en lo absoluto pero nos dimos cuenta al instante de que todo tiempo por pasado fue mejor. Me alejé. No me preocupé por buscar trabajo. Solo salía a comprarle merma a José Levi, un pintor que tenía su estudio cerca y con quien cerveceaba de vez en cuando. Fui también con regularidad a una librería de viejo detrás de la Avenida Mella. A veces me arrebaté bien duro con una mezcla de mariguana y jarabe para la tos con ron Caradegato; esas noches ponía un disco de The Smiths y me bañaba largamente con jabón de cuaba. Me ponía el vestidito y la peluca, me maquillaba y encendía velas en la pieza y mirando al río leía en voz alta cuentos de un escritor puertorriqueño y por lo tanto, doblemente accidentado, Manuel Ramos Otero. Los releía en voz alta queriendo extrañar a los huérfanos y a los abortos que él evocaba. Pocas veces me entró una persistencia por salir a la calle en ese *fashion*. La tercera noche en que lo hice fue la vencida.

Siempre me sorprendí de mi habilidad para caminar con tacones. "Te ves maldita y pico en esas tacas you bicha", me dijo más de una vez Vito Marcelino. Cuando yo salía a la calle vestido de mujer pensaba en dos cosas, en Legna y en Almodóvar. Todavía es raro ver a un hombre caminar vestido de mujer en las calles de Santo Domingo. Incluso hoy, cuando ya ha quedado tanto expuesto y declarado. Caminé entre la noche y el arrebate me ayudó a no escuchar los silbidos y las risas y los insultos y los avemaría purísima. Un trío de morenos se pasó de la raya y me recordó por qué he desarrollado este dulce odio hacia todo lo dominicano. Quién lo diría, con tanta modernidad que se nos ha instalado en el cuerpo, en el deseo, en los bolsillos vacíos, en tanta desnutrición y analfabetismo. Es cierto que después del percance con los morenos evité las calles con más luz y me pegué bastante de las piedras más antiguas; pero el insultarlos me sugirió un caminar con el pecho más arqueado hacia delante cuanto pude y con una banda sonora clavada en la cabeza que incluía ritmos como *Riders on the Storm*, *Lorena*, *My Prince Will Come*. El reto era llegar a una barra, pedir un trago, disfrutarlo y luego volverme a Santa Bárbara por la Avenida del Puerto. Entré a Ocho

Puertas, una casa colonial vuelta garito y nada más hice masticar los primeros hielos del cubalibre escuché el mismo fraseo y la voz aquella que me jodió el verano diciendo "Esta noche vamos a ver si es verdad que el gas pela". Me bebí la mitad del trago ante la sonrisa rota del bartender quien pretendía esconder muy mal la sorpresa. Caminé por entre tugurios hasta llegar al patio de la casa y ver en una improvisada tarima a nada menos que el Terror echándose ron en la cabeza y escupiéndole un buche del trago a la guitarra como si fuese un gallo bajo una luz azul y otra verde que creaban la silueta de cómo iba a recordarlo mucho después de ese concierto para una muchacha en un vestidito blanquinegro objeto de toda la crítica y todas sus canciones. Así iba a recordarlo años después cuando me mudé a Cabarete en donde caminar por la playa con el vestidito blanquinegro hubiese sido lo más normal del mundo; esa imagen verdiazul en la oscuridad sería la recordada en los veranos en Santa Cruz, en las largas noches de Santurce, Puerto Rico. Esa sería la larga sonrisa de ojos cerrados terminando todas las canciones del sufrimiento incluso la mañana en que se acabaron todas las canciones cuando la prensa lo entregaba rodeado de flores y muerte en una funeraria repleta de gente que nunca lo quiso tanto.

III

Embriagado de aquello salí de Ocho Puertas camino al Malecón y la emoción me hizo bajar la guardia. Cierto era que no había ya mucha gente porque ya la madrugada estaba abierta pero eso no jugó siempre a mi favor. Los tres morenos reaparecieron como si el destino quisiese demostrar su capacidad infalible. El primer botellazo me lo dio el moreno más grande sin mediar palabra; la botella no se rompió pero eso no impedía el sonido de cristales crispándoseme entre las sienes cuando otro de los morenos me transó la cara de una trompada que me jodió el doble porque me partió la nariz –escuché el crac– y me hizo romperme la cabeza con una pared; quedé en una posición que le permitió al mismo moreno de la botella patearme la cara entre el tacón y la pared, eso me abrió el pómulo y me sacó los tres dientes de ese lado. No grité. Me hice el inconsciente. Los dos ejecutantes le preguntaron al tercero si no iba a hacer nada y él dijo "Vámonos coño". Uno de los morenos le insistió y él recogió la botella, que esta vez sí se partió. Nunca perdí el conocimiento. Al contrario. Cuando los imaginé bien lejos me salió un gruñido, quise distinguir esta manera de estar vivo precisamente en este momento; grité para pedir ayuda, por rabia, por la sorpresa, todo al mismo tiempo. Esas son las cosas, los sentimientos que se me vienen; eso y el sabor a sangre tragada.

Del dolor no tengo la memoria.

Nadie fue a visitarme los tres días del Darío Contreras. Allí conocí a una señora adventista, Elvira. Le di dinero y me trajo dos sopas. Su hijo estaba allí interno hace tres meses con la quijada desbalanceada gracias a un accidente: chocó un Honda Civic contra una patana un domingo de borrachera. Tuvo la buena fe de no mencionar a Dios. Me trajo limpio el vestidito blanquinegro pero la peluca estaba mucho más allá del daño. Le pedí por favor que desapareciera el vestido. Me trajo ropa de su hijo. No tuve que insistirle para que me aceptara mil pesos como gracias.

Trabajé por un tiempo descargando cajas en un supermercado hasta que pude ponerme los dientes y mudarme a Cabarete. Nunca más me vestí de mujer y juré irme de ese fokin país lo más rápido posible. Fui camarero en una pizzería y sankipankié la manera de salir para California, luego Puerto Rico, para nada Nueva York. Publiqué dos libros, solo para saborear otra de las formas del fracaso.

Acostumbrado a la ruina de las noches interminables de mi trabajo en la lavandería de un hotel del Viejo San Juan, una mañana de insomnio, me llegó la noticia de su muerte. Los médicos no escatimaron informaciones sobre el deterioro de su cuerpo. Hablaron del páncreas reventado; la aorta cansada; ofrecieron salvaguardar el hígado para mostrarlo al libro de récords Guinness. Ignorando toda posibilidad de coincidencia compré un vuelo a la República con la excusa de visitar la tumba mientras su muerte estuviese fresca. Era mi manera de vengarme de la memoria. Llegué poco después de la euforia. La canción de Lavoe *Periódico de ayer* nunca cobró tanto sentido. Fui a los colmadones. Bebí en los barrios. Regresé a Villa Duarte. Me fumé un leño y compré un pote de ron y me paré frente al paredón en donde los morenos me sacaron del travestismo a puro coñazo. Camino a Cabarete fui a la librería de viejo de atrás de la Mella y el mismo hombre detrás del mostrador insistió en venderme aquella antología de *La narrativa yugulada*. Terminé comprándola y antes de salir llamó mi atención un libro verdiazul encuadernado a mano. Se llamaba *Échale gas* y era una suerte de entrevistas y cosas del Terror. Lo compré en un gesto romántico y arrepintiéndome al momento. Las coincidencias no se acaban. De ellas se alimenta este juego que es la ciudad. Tantos aviones y tantas tristezas; tanto naufragio, tanto cuerpo varado, solo para comprobar que el Terror nunca muere.

Superaquello

I

Eduardo llegó como siempre tarde a la salida B2 de la terminal Luis Muñoz Marín para el vuelo JetBlue con destino a Santo Domingo. Con *charming* extendió el *boarding pass* bajo la mirada de la japonesita que con los ojos le decía *Muévase muévase*. Ya en el avión coqueteó con el moreno del servicio que le terminó regalando dos bolsitas extra de maní y el teléfono del hotel en donde se quedaban esa noche en la Capital. Eduardo no le hizo mucho caso y finalmente solo se dejó tragar lentamente por el asiento hasta atisbar la pestaña de tierra dominicana que partía en dos la ventanilla presurizada. Puso un disco de Tito Paris *Ao vivo Lisboa* y quiso imaginar cuentos de Cortázar, pero el moreno lo interrumpía de nuevo con una soda de dieta y rogándole con los ojos *Call me tonite!*

Ya en hotel, de cara al Malecón, el escritor Eduardo Alegría organizaba sus papeles galopando en el tercer trago de ron sin soda y con el volumen un poco demasiado alto. Cuando hubo, con cordura, organizado el día de mañana (conferencias, entrevistas, firmas de libros...) se dio otro trago largo con la excusa del valor y buscó el número de Reinaldo para invitarlo a cenar y darle la sorpresa pero el sorprendido fue él cuando la voz del macho del otro lado del cordón le atragantaba los planes. "Debiste haberme avisado Eduardo... Me cogiste en un momento terrible, tengo compromisos...". Que fuese verdad o mentira a Eduardo no le importaba; lo que le dolió fue comprobar el presentimiento que le dio desde que se quedó tanto tiempo esperando en el aeropuerto y al final tuvo que tomar un taxi. "A mí está bueno que me pase", pensó Eduardo bajo la banda sonora de las excusas que formulaba un Reinaldo que trataba de enmascarar la conversación cuestión que la mujer que tenía de frente no se diese cuenta de nada. Eduardo retomó la cordura y le trancó el teléfono sin decir adiós en medio de una sugerencia de verse para almorzar durante el fin de semana. Antes de decidirse a llamar al moreno de la línea aérea pasó por un bar en la Zona Colonial de la ciudad en donde le sucedió la cosa más loca del mundo: ya medio borracho sacó a bailar a un muchacho varias veces hasta que el tipo terminó accediendo. Al parecer en ese bar, llamado Parada 77, bailar con otro hombre era una afrenta y hasta les apagaron la música. Pero el muchacho, decidido y tan borracho como él, lo sacó al medio de la pista para bailar el murmullo crítico que los rodeaba. Acabaron por besarse. Terminaron echándolos del bar. El tipo no quiso seguir la noche y a Eduardo no le quedó otra que regresar al hotel, llamar al moreno de la línea aérea y proponerle, "*I will go over there or you come over here, your decision*".

La mañana del día siguiente fue suave y sin resaca gracias al cielo. Su conferencia se titulaba *De adentro para afuera* y el tema fue un poco escabroso para la intelectualidad dominicana que le sirvió de anfitriona en el Salón Camilius del Ministerio de la Lectura.

Hubo una que otra tos a mitad de la disertación, precisamente cuando el Doctor Alegría hablaba de la invisibilidad social que sufren los homosexuales a pesar de las supuestas aperturas atribuidas a la modernidad. El escritor, autor de dos novelas bastante conocidas y varias publicaciones de reflexión teórica en publicaciones especializadas, explicaba, apoyado en un garbo enamorador, que la gente sabía que él era homosexual pero la intención políticamente correcta tenía poco que ver con el respeto sino más bien con el miedo: "La gente reconoce la alteridad no como elemento de ruptura e inclusión, sino como frontera, esto es, se identifica la especulación para separarse de la preferencia sexual del otro. Falsas son las propuestas de igualdad. No sería escandaloso afirmar, partiendo del estado de otras áreas en las ciencias humanísticas, que el balance de todas las luchas por asentar las alternativas de género han fracasado en el Caribe".

Independientemente de la incomodidad establecida gracias a estas palabras, Eduardo la pasó muy bien durante el almuerzo de rigor presidido por el Ministro en persona. Un chofer buenmosísimo; en sus treinta, de tez trigueño canela, lo dejó en las escalinatas del hotel y con una sonrisa de treinta millones de toletes le dijo que lo pasaba a recoger a las cinco en punto para la firma de libros en una universidad privada. Eduardo devolvió la sonrisa con la nota de las copas de vino que había vaciado durante el almuerzo. Quiso emborracharse un poco para poder sobrellevar la pesada conversación de la intelectualidad de pacotilla. Él sabía muy bien que la literatura no estaba en esos salones sino en la calle; lo mismo pasaba en Puerto Rico. En Cuba había experimentado cosas distintas, las cuales están publicadas en una colección de cuentos que tituló *Caribe Noir*, con la que había ganado un premio del Instituto de Cultura de San Juan. Con ese pensamiento decidió tomar un digestivo en la barra del hotel antes de subir a hacer la siesta.

Entonces fue que sucedió el encuentro que inspiraría esta historia.

Gonzalo Subirat era chileno, original de Santiago. Había llegado a Santo Domingo por una equivocación de agendas aéreas y amores extraviados. Ha sido bartender y poeta desde que tiene uso de memoria. Hace unos tres años chocó en Chile a una boricua que viajaba con el novio, bueno, con el exnovio para los efectos de la noche en que se conocieron. Ella pidió un *Mojo Soso*, esto es, un mojito sin mucho alcohol. A ella le pareció bastante atractivo Gonzalo aunque un poco pretencioso, en lo cual ella acertaba totalmente. Un muchacho hermoso con un afro terrible y la piel retinta de negro, alto, macizo de torso y voz, cantaba una canción de Milanés y eso enamoraba la tarde de aquel domingo en que el novio la había dejado como una pendeja frente al Palacio de la Moneda. La canción del moreno hablaba de zafras y tierra y guajanas, cosas que ella conocía muy bien. "Soy boricua al fin y los boricuas saben de guajanas y de machetes", dijo ella, para entonar con el asunto revolucionario que flotaba. Gonzalo estaba ensimismado viendo al moreno cantar y le puso asunto cuando ella le pidió otro mojito para reclamar su atención y mientras él piloneaba la menta en el fondo del vaso y el azúcar y los limones, el moreno dijo, "y ahora quisiera invitar a un gran amigo y a un gran poeta, un hermano en fin… Gonzalo Subirat, si me haces el favor…". La barra se fue abajo en aplausos y él le sirvió el mojito a la boricua quien se enamoró de él en ese instante pero terminó de asfixiarse por ese tipo cuando él cometió la charrería de declamarle un poema de Benedetti que ella conocía muy bien y que hablaba de la imposibilidad de mirarla a ella con esos ojos y esa mirada que a él no le servía de nada, como tampoco le servían los focos, los telescopios o las linternas. Para joder el asunto el de la guitarra remataba el poema cantando *Life on Mars*, la versión de Seu Jorge. Ahí quedó decidido casi todo. Meses después Gonzalo llegó a San Juan Puerto Rico para darse cuenta de que ella había retornado con el novio, un insípido muchacho aspirante a licenciado en farmacia. Duró dos semanas dando tumbos en el Viejo

San Juan como un japonés en Maquiteria. Un vuelo atrasado lo obligó a viajar a Santo Domingo un jueves cualquiera; se le dio el chance de quedarse ese fin de semana.

"Y mírame aquí todavía", le dijo Gonzalo a Eduardo poniéndole un segundo Amaretto y otro café. Gonzalo salía a las cinco y para sorpresa de Eduardo había leído sus novelas. A Eduardo le salió un poco e inevitablemente el ego cuando escuchó que el chileno era su lector. Quiso jugar a la anticipación, algo bien extraño en él. Cuando Gonzalo reiteró la hora de salida, como para que se vieran, como para que salieran de ahí a beberse un par de cervezas en cualquier barra Malecón abajo, Eduardo le preguntó, "¿Tú crees en las coincidencias…?". A Gonzalo no le dio tiempo de responder como poeta pero sí como bartender y le pasó la cuenta y un papel con el teléfono anotado. Eduardo garabateó el número de la habitación bajo la firma. Le hizo una guiñada al chileno de la cual se iba a arrepentir pero él no podría saberlo.

Se vieron esa tarde cuando Gonzalo, contra las reglas del hotel, subió hasta la habitación del escritor. Quedaron en verse de nuevo esa noche en un café llamado Casa de Teatro, en la Zonal Colonial. "Lo conozco", dijo Eduardo, antes de jugar a negarle un beso. Se sentía un poco cansado y no le iba a dar tiempo para la siesta antes de que apareciera el chofer para llevarlo a la librería en donde estaría respondiendo las mismas preguntas de la intelectualidad que no había leído las novelas pero las presentaciones de libros siguen, a pesar de la modernidad, siendo el lugar ideal para beberse un par de tragos de vino o de ron y algún piscolabis. Le dijo al chofer que no iba al hotel sino a tomar un taxi para la Casa de Teatro y el trigueño se ofreció a llevarlo, "Cómo va a ser que usté va a coger un taxi cómo no quién dijo…". Por entre los destellos del hombre que le robaba al perfil del retrovisor pudo ver la ciudad semioscura, llena de miseria con la mano extendida en las esquinas, la mayoría eran niños y mujeres haitianas. Habían más haitianos que la última vez que visitó hace cuatro años. Le dio un poco de pena la condición general de las Antillas pero se repuso pensando en la quijada cuadrada de Gonzalo y la posibilidad de morderle la estructura. Intentó darle las gracias al chofer con un billete de cien que él no quiso aceptar pero que terminó cogiendo acariciándole la mano, o al menos eso creyó él, quien entró a Casa de Teatro como si le hubiesen tirado una alfombra roja; se demoró en una exposición de fotografía en el vestíbulo pero no tardó en sentirse una loca vieja y gorda cuando vio tanta gente joven departiendo en el lugar, tanta teta hecha, tanta barriga afuera, tanta melena y tanto brillo. Casi se devuelve al hotel con el ataque de pánico pero Gonzalo lo rescató entregándole una cerveza fría, preguntándole cuándo se regresaba a Puerto Rico, y luego de la respuesta, confirmándole que entonces iban a pasar el mejor fin de semana de la vida misma.

II

El Festival de Poesía de la Montaña es una iniciativa organizada por un grupo de poetas del interior del país. Cada año, en las alturas de lo mejor de la Cordillera Central, en un pueblo llamado Jarabacoa, se reúne un grupo de poetas a tratar de insistir en la posibilidad del arrebato artístico. "Aunque no se esté de acuerdo con el lirismo absurdo y manido de esta gente, hay que asistir, hay que apoyar, hay que conocer", pensaba Eduardo perdido por la visión de las montañas y el verde que le regalaba su lado de la ventanilla. Gonzalo propuso el viaje y para coincidencia la actividad se encontraba en la agenda del escritor boricua quien despachó los servicios del chofer y decidió que rentarían un coche para subir al frío de la loma. El clima era dictado por un cielo podrido de gris que le sentaba muy bien a la nostalgia de los extranjeros en un fin de semana casualmente de locura en una mediaisla ajena a ambos. La radio les brindaba cosas tan dispares como Sabina y Depeche Mode. Gonzalo le arrancaba una mano a Eduardo y se la mordía y se la besaba. Hablaron muy poco de la literatura escrita por el boricua. El boricua tarareaba todas las canciones de Bob Dylan que aparecían en el *Shuffle* del aparato.

Allá en la montaña asistieron con un ánimo mínimo a las actividades ofertadas por el Festival. Se excusó el escritor y para encerrarse con el chileno en la habitación de un hotel llamado Pinar Dorado. Afuera llovía y era sábado. Hicieron un amor largo y sin pausas. Eduardo le mordió los muslos a Gonzalo, le rozó la retaguardia, se dejó tomar por el pelo, mostró los dientes respondiendo a una voz de barítono astral que con los brazos desnudos le pedía con presencia un abrazo analgésico, una serpiente sin precio, el sabor de los minerales, ambos fueron demasiado hombres midiéndose sin tiempo en un sábado en la montaña que se hizo noche a las tres de la tarde. En una de las respiraciones del amor Gonzalo mencionó que cerca de donde estaban había una ciudad llamada también Santiago como la geografía en donde estaban sus recuerdos, su abuela llorándolo en noches de milonga, su único nieto perdido en el Caribe. "Una bandera con sangre pirata / El tacto de las arañas / Un misterio entretenido en los jirones de la voz del viento / El hombre que yo quiero tatuarme", cantó Eduardo como si tarareara una canción de cuna, diciéndole sin decirle que por más que él quisiera que se rompieran los puentes, que la llovizna de afuera fuese el preludio de aquel ciclón batatero que arrancara los puentes de sus mandíbulas y causara apagones que clausurara los aeropuertos o vientos que alocaran las hélices de los aviones, la realidad era que él se regresaba el lunes a un apartamento de Miramar, San Juan Puerto Rico, en donde lo esperaban cuentas por pagar, *Dos centímetros de mar*, una gata arisca, una novela corta y policíaca, los mismos bares y el mismo drama del travestismo lastimero boricua, y que a pesar de todo eso él, Eduardo Alegría, iba a dejar todos los proyectos literarios para formar una banda que se llamase *Superaquello* y desde ahí le cantaría canciones que si bien no le serenaban la tristeza de saberse lejos de Santiago, de Cuba, de Chile, de los Caballeros, le podían trazar un caminito de las migajas de dos días de un fin de semana cibaeño, mojado, terciado por el bramante exceso de cuerpos coincidentes en el gusto y la sinrazón que los dioses aprobaban con sesgos de luz y tronido.

Reflex

El hombre llega a una casa en medio de la noche. Va vestido de paño negro. Nada más hace tocar el timbre y suena el disparo. El dedo se le queda como atorado entre el botón y el estruendo; se le instala un sonido en medio de las sienes. El primer reflejo es irse pero cómo. Alguien podría estar herido pero quizás otro alguien sostenía aún el arma que se disparó una vez. Eso podía ponerlo en peligro. ¿Un suicidio? Demasiado arriesgado, pensó, y antes de poner los pies en polvorosa consideró que si salía corriendo de esa manera y a esas horas podría ser tomado como sospechoso. Es noche desde las tres de la tarde, lo que quiere decir que el frío se ha instalado severamente. No hay ruido. El disparo pudo haberse escuchado varias casas a la redonda. La policía podría llegar y él tendría que dar explicaciones dado su origen étnico y el tipo de vecindario. Entonces decide subir, si hay alguien herido puede ayudar y eso no se vería tan sospechoso. Exacto, iba a subir. Ya ha pasado algo de tiempo desde el disparo; el que disparó el arma de seguro ya se había dado a la huída. Intentó la manija de la puerta e instantáneamente se percató de su error: huellas digitales. Fueron varios segundos de turbación. Sacó el pañuelo que molestaba por lo bien planchado y se reprochó, si iba a hacer esto tenía que ser suficientemente cuidadoso. Recordó los guantes de cuero negro. Sin embargo no le sorprendió que la puerta estuviese abierta, insistió un poco forzando la madera. Columnas iluminadas se debatían entre las cortinas. El sitio estaba impecable. El hombre pensó en el acostumbrado "Saludos... ¿hay alguien aquí?" Se retractó del pensamiento; quizás el matador estuviese frente al cadáver, regodeado de victoria o considerando el acto como algo imposible; en ese caso le escucharía, y no se sabe cómo puede reaccionar alguien que acababa de cometer un crimen. Seguía diciéndose que debía ser cuidadoso. Respiró hondo; cerró la puerta tras de sí procurando no asegurarla, en caso de que tuviese que salir de prisa. Subió relativamente rápido por las escaleras. A la derecha del pasillo una luz abierta invitaba, definía. Se acercó, llevado. Adentro la habitación estaba vacía de gente y mobiliario salvo un sillón blanco frente a la ventana abierta por donde se colaba una locura tibia e invisible. Lo próximo era sentarse a decidir. El asiento era cómodo. Extendió las piernas. Se sacó los guantes. Recostó la nuca cerrando los ojos. En la espalda baja le molestó el caño de la nueve milímetros. Con la mano derecha pesó el arma. Maniobró. En el peine se contaba una bala. Solo restaba esperar.

El hombre llega a una casa en medio de la noche. Va vestido de paño negro. Nada más hace poner el dedo en el timbre y suena el disparo.

La marcha de los zapotecas

La más alta llegó excusándose. "Me detuve por cigarrillos, ¿te molesta?", añadió, paqueando la cajetilla con tres golpes contra el dorso de la palma. La mujer que llevaba media hora esperando se sorprendió de lo fácil que se le hizo falsear el saludo. Poco antes de que Larianna preguntara por un cenicero, Samanta adelantaba un poco a la criatura que llevaba en los brazos para abstener a la otra de prender. "Es que se me le sube un asma bien mala", completó Samanta Lorszinsky al tiempo que se desvivía por un mesero que la rescatara o la acabara de embromar.

La reunión pintaba idéntica a la que habían prefigurado en tardes indecisas frente a la pantalla de la Internet, cuando la una se atrevió a enviarle el *Friend Request* y la otra tardó trece días con sus madrugadas antes de decir, "¿Por qué no?... yo soy la que tengo todo que perder".

Con el cigarrillo apagado, Larianna le hablaba bien desenvuelta al mozo ya mayor. El señor escuchaba a la mujer fina, flaquísima, muy rubia, como si las indicaciones gastronómicas que ella iba elaborando fuesen un evangelio nuevo. El viejo se marchó con dos pasos hacia atrás y regresó más rápido que inmediatamente con un plato de sardinas tostadas, lenguas de pan negro y un *ramekin* de mantequilla de manzana. Poco después de que Larianna aprobara la botella de vino blanco, Samanta sacó a la nena definitivamente del coche y con la mano libre consiguió un *Ziploc* de cereal. "Me salió alérgica a todo; últimamente solo tolera los Cherrios pero se me ha hecho una odisea conseguirlos por acá", dijo la que era madre, mirando a la flaca desteñida que intentaba meter el cigarrillo invicto a la cajetilla.

Los dedos finísimos de Larianna Lavastida acariciaron el estilete de la copa y con todo el veneno posible preguntó a Samanta el nombre de la niña; también la edad. La mamá respondió a la inversa. Ahora secaba la baba de la boquita con un pañuelo amarillo sol. "Cumplió doce meses a finales de agosto", aclaró Samanta haciendo una pausa necesaria para sin saberlo definitivamente dar donde más dolía: recitó el nombre de la bastarda; apellido; todo. Larianna no escondió el labio deformado por el gran odio. "No lleva el apellido del padre", apuntó la más ofendida, después del trago de albariño que había resuelto portarse mejor de lo esperado. Al fin se miraron; midiéndose bien afincadas en la miseria. Larianna se acabó la copa. Samanta asimiló el reto; la maldad en las palabras de la distinguida mujer que miraba nerviosamente las letras apretadas en la botella vacía. "Cuando despache al mesero le voy a dejar saber lo equivocada que está", se prometió silenciosamente Samanta, acurrucando a la nena hinchada, feísima, en el fondo rosado del cochecuna.

La fuerza que enfrentaba a las dos extrañas en este pueblo costero de agonía veraniega tenía santo y seña. Quizás lo único que compartían las heroínas era el infortunio de haberse creído queridas por él, por Jonás Marthan.

Cuando Jonás Marthan decidió dejarlo todo, muy incluyendo a Larianna, sola, en la casita multiusos de Milpitas, la ciudad sobaco del norte de California, Samanta Lorszinsky era lo que en Puerto Rico se conoce como una *neogíbara*. Nacida en Orlando y como la madre, Samanta hablaba un inglés macerado por un español frondoso de jayuya y carambanal que, aunque en peligro de extinguirse, todavía reina silvestre en las faldas del sistema de cordilleras borincano. Samanta nunca supo decir edificio sino *bíldin*; para ella, desde que era una enana, los camiones siempre han sido *troses* y el amueblado la *furnitura*. Larianna, poco tiempo después de saberse abandonada por el macho al que ella juró aferrarse, definió con despecho el dialecto y las maneras de Samanta como "Lo peor de la chusma; algo más parabajo de la gleba..." Eso le infidió ella a una amiga a la que también le dijo, "Cualquiera que escucha el apellido 'Lorszinsky' se confunde y cree que esa mierda es gente".

Larianna no aguantó más y poco antes de ordenar el atún envuelto en una mano de sésamo con puré de espinacas y calabaza se dijo que iba a cruzar la avenida para fumar. "Los pulmones necesitan ese calorcito", justificó, tratando de chistear, pero Samanta la ignoró, arruinándola. El camarero regresó cambiando los servicios y las servilletas. La flaca tomó aire para mandar a la insulsa a la mierda pero Samanta reaccionó a tiempo y le preguntó al señor cómo estaban los calamares y qué era eso de *Bisteca a la Maniatara*. Larianna pidió permiso entre la boca estrujada, acribillándola con los ojos. Al mesero se le hizo imposible no darse cuenta de la tensión que reinaba entre ambas mujeres. La que estaba de pie agarró de un zarpazo el cenicero y el encendedor. Samanta aprovechó para ordenar también una ensalada de salmón, cangrejo y aguacate. El mozo dio los dos acostumbrados pasos hacia atrás pero antes de virar, antes de que Larianna se marchara definitivamente a calcular cómo iba a acabar con la curcusia esa, Samanta le dejó saber al caballero que se iba a comer la carne bien cocida. "No, la niña no va a comer nada, gracias", completó arreglándole el cobertor y poniéndola a dormir. El señor Eurípides Astacio, con todos esos años en la industria del servicio, se sintió comprometido a dejarle saber que la carne era imposible a ese término. Larianna, aún con las ganas de fumar intactas, se quedó clavada a cinco pasos de la mesa porque no quería perderse la escena; la veía fracasar frente al empleado de uñas prístinas y corbata de moño. Samanta no cedió un ápice. "Así es que me la como yo", dijo con mucha altivez y serenando al monstruo, que al parecer lo de dormir era falsa alarma y estrechaba los tentáculos en una secuencia de garrapata. Larianna declararía después, mientras se recuperaba en el ala de ortopedia y maxilofacial del Hospital del Veterano, "Ahí fue que desperté a lo obvio; era una ridícula sin clase".

Samanta la remeneó con una mirada y una voz nueva; al parecer, la analfabeta despertaba al hecho de que estaba enfrascada en una lucha a muerte con la cabrona. "¿Y tú no ibas a fumar?", le escupió en *espanglish*. Larianna se dio cuenta de que se estaban tuteando. "Sí, si claro", balbuceó con dignidad la flaca, consciente de que aquello solo podría terminar de una sola manera; y ella apostaba todo lo suyo a ella. "Yo voy a mí", pensó, antes del estruendo que hizo el cenicero en el piso, alebrecando al monstruo que sacaba la cabeza desde el fondo de las cobijas rosadas.

Con los hombros aplanados, algo de sobrepeso abrazándole sus treinta y tres años; con el pelo picado poco por encima de las orejas y teñido de bronce quemado, Larianna Lavastida se sentaba en el banco aún tibio al otro lado de la avenida General Potomác para fumarse el primero de dos. Se estaba muriendo pero las cachadas de Marlboro Rojo le aplacaban una tristeza.

¿Qué era morirse? Cuando le diagnosticaron el cáncer manejó sin rumbo, despertando solo en los peajes; llegó a un lago que quería ser océano y se preguntó si ese mar estaría ahí cuando ella ya no estuviese. Pensó en Benedetti.

Palabras más o menos volteó a mirar a la insulsa por entre el cristal del negocio, degustando el vino helado que *ella* había escogido… porque aunque fuese a setenta y ocho euros la botella, Larianna Lavastida iba a demostrarle a Samanta Lorszinsky, a esa pataporelsuelo, lo que era tener clase. "Una cosa era atragantarse de McDonald's y otra degustar", dijo en voz alta jugando a ignorarla, mirando la bahía, atormentada por una turba de patinadores pintarrajeados que eran seguidos por un grupo de indígenas disfrazados de *Boy Scouts*. La mano huesuda levantó la mitad del primer cigarrillo y pensó que su plan de acabar con la moral de la otra iba cosiéndose solito.

Una fila de vehículos antiguos, alineados lentamente, repartiéndose en la longitud de la avenida, le robaron la imagen de Samanta, quien recuperaba a la niña del coche. Al parecer había empezado a berrear al escuchar el ruido de los miles de pasos de la marcha cuasi fúnebre que llenaba la tarde desaparecida de sol, aunque refrescante. Era el último domingo de verano y la congoja ya depositaba sus huevos tanto en vertederos como en las cocinas de restaurantes cinco cubiertos como Il Vento. "Por más pasaporte azul que tenga la sucia esa no conoce la vida… cómo, si lo más lejos que ha ido es a Mayagüez". Por entre los vehículos decorados con lazos negros, exagerados con escarcha, Larianna observaba a Samanta mecer y acariciar al esperpento. Esperó a que la marcha interminable se alejara un tanto y ya con la avenida vacía, encendió el segundo con la brasa del otro y le dedicó un pensamiento a Jonás Marthan, a quien ella trató alguna vez de convertir en gente. "Lo llevé a Roma; comió ñoquis de verdad en Rosario; casi nos empalagamos de churros en Guadalajara y allí bajo el amparo de la Guadalupana nos matamos por primera vez de sexo con amor, y ahora venir y pagarme así, preñando a la desgraciada ésta...". Una tarde le confesó con un trozo de témpano en la garganta a su terapeuta que nunca le importó saberse suplantada por esa perpensia... sí, eso la enfogonaba aunque se creyó capaz de sobrevivir... "Pero cuando supe que estaba preñada se me instaló un tizón en el vientre".

Dos jaladas antes de botar el cigarrillo, Larianna puso un pie en el asfalto desierto. El ruido del Mustang dorado, frenando, alborotó las sillas en la terraza del *ristorante*. Una mujer gritó, Diosmío, pasmando el domingo en su momento más asqueroso.

II

El restaurante era caro aunque casual. Los muchachos atrás cocinaban sin miedo y los meseros sugerían el vino sin pretensiones, casi con desgana, y siempre acertaban los paladares. La música se manifestaba desde una tarima enana, improvisada hace años en una esquina y el trío de la cubanía que rearmonizaba boleros clásicos hacía imposible no pensar en Bola de Nieve, en Aznavour, en Yoskar Sarante... el siguiente set comenzó con *I'm your man* de Cohen.

Ninguna de las mujeres sabía del lugar de antemano ya que milagrosamente el local escapaba a las blandas reseñas de las guías turísticas. Pero Larianna, experta en el trotamundeo, dio con un bartender sabio quien le dijo que fuese allí con los ojos cerrados y se comiera todo lo que le pusieran delante. Pero su plan no era comer... sí, el menú tendría que ser delicado, apetitoso, pero sobre todo caro, muy mucho. Todo era parte de un plan para hacerle pasar la vergüenza de la vida a la pendeja esa, quien se había registrado en una casa de huéspedes con un baño por piso. Le daba los biberones a la nena mirando hacia un callejón lleno de condones servidos, jeringas, etcéteras. Más allá de la funesta entrevista, lo que la estaba matando era el jet lag. No durmió nunca. Cuando el mamarracho se quedaba durmiendo con el dedo en la boca, ella miraba fijo por entre la ventana sucia, intentando descifrar un cúmulo de colores y letras apiñadas en la pared del fondo: *Kairiana quiero comerte la semilla*, había grafiteado, según la firma, otra mujer.

Samanta había volado desde Chicago. Vivía allí desde el embarazo y trabajaba en una taquería de viernes a viernes; en los días pares y de noche completaba un grado asociado en *Social Services*, gracias a una beca estatal. Se estaba tragando un cable, literalmente. Había llegado al punto de coger cupones para queso y leche; eso y entregar el alma al demonio es la misma cosa; eso a ella como buena puertorriqueña le timbraba en el mismo centro de la mancha del plátano.

A su vez, Larianna le daba los toques finales a un proyecto de investigación que la llevaría por dos años como catedrática visitante a la Universidad de Leiden. Luego del *incidente* que la dejó vacía de Jonás Marthan, la profesora Lavastida se había encerrado con rabia en una disertación sobre la novela revolucionaria (1965) escrita por mujeres en la República Dominicana. La empresa era dantesca e implicaba afanarse en una bibliografía casi inexistente; viajes prolongados a un país que había aprendido a odiar. Alguna vez, ligera con el malbec, confesó, "No hay depresión que una tesis, una buena dosis de mariguana, playa y David Bowie[1] no curen".

Cuando las dos mujeres, después de evitarse a muerte en *Facebook*, dieron el paso decisivo, prometieron no evitar el tema Jonás Marthan; incluso podría decirse que lo abordaron con dejadez. Preservaron su memoria como se salvan las piedras desbandadas

---

1. Preferiblemente el Bowie de *Wild is the Wind*; *Life on Mars* puede ser con Seu Jorge… The Bad Plus también tiene una versión bellísima del asunto.

Rey Andújar

de un amuleto. Viajes y aniversarios fueron recordados sin albricias. Ese hombre dolía; ellas sabían cuanto y obviar el fracaso sería una estupidez. Aceptar la ruina nos lleva con paciencia a una parsimonia que si no es felicidad, al menos equivale a una tranquilidad sosa, una calma chicha si se quiere; el suave declive hacia lo fatal, lo inexorable. ¿Qué es el destino? Todo era inútil porque lo más mínimo les recordaba a él. Sorteaban el tedio, la una, cambiando pañales y limpiando legañas en los ojos que guardaban la misma soberbia cejinegra del hombre; las pestañas de ébano interminable. La otra mataba la reminiscencia escribiendo cuentos para nadie entre ensayos y prontuarios; hoy en Rótterdam, mañana en Surinam, el mes que viene en un congreso en Cartagena de Indias; siempre emborrachándose de whisky en primera clase, siempre en una habitación mirando al mar, porque ella lo buscaba a él no solo en los hombres y las mujeres que la besaban, en los bares de los aeropuertos, en los tugurios ella lo buscaba a él; el peso de su lengua, la secuencia con la que abría los labios como abanico y se la tragaba entera. Porque aunque Jonás Marthan le jodió la vida también es ciertísimo que nadie le ha maltratado el cuerpo sexual tan dulcemente como él. Él se fue y los árboles se secaron y el viento viajaba en una secuencia de lepra. Ella le pedía y él le daba. Durísimo. Pero ella no estaba sola en esa ausencia del deseo. Además de la memoria del amor, ella compartía con Samanta un silencio cardiovaginal; la ausencia de los dedos de Jonás, los dientes de premura, el dolor camaleónico de su vientre siempre atento, sus besos de tornillo, las cicatrices de aquellas uñas en las caderas. Sí, Jonás Marthan era un rufián en todo el sentido *mexicanovelesco* de la palabra pero qué lengua, ya se ha dicho, qué mandíbula cuadrada, qué ojos, qué carcajada de cuerpo entero de su sexo solar y apretado, las piernas de caoba terminadas en un culo que retaba todo sentido de la circunferencia y tacto de resorte. Con tanto Caribe en el cuerpo era tan fácil matar o morir de asfixia, que la semana terminara,

66

martes en vez de viernes. Ser otra mujer en otro cuerpo y en otra ciudad, en otros libros, *In Other Rooms, Other Wonders.*

Larianna, con la quijada como una inglesa, el pecho escaso y cuadrado, sin gracia, despachó al mesero devolviéndole los calamares. Se terminó la copa cul cul para salir del susto del frenazo del Mustang dorado. Hubo un silencio que ella desbarató. "Y si la nena, según tú, no es de él... ¿de quién entonces?" Samanta, al ver cómo las sutilezas quedaban brutalmente a un lado, deslizó los dedos hasta la lista de vinos y sin perder a la desnutrida de vista, anunció, "Creo que es hora de que cambiemos a tinto".

"Es bruta pero no pendeja", quiso responder Larianna pero la bori no le dio break. "Yo no dije que no fuera Jonás el papá, ahí te equivocaste medio a medio... lo que quise decir fue...". Solo hasta ese momento Samanta Lorszinsky reconocía en el trambo en que estaba metida. "No puedo recordar si antes la tuteé o no, pero ya estamos de tú y no hay por donde. Ya no". El mozo, experimentado, presintió el aire avinagrado entre las muchachas y dejó una orden de chupines marinera y se alejó volando. "Sirvo unos cafeses en aquella mesa y regreso", mintió el viejo zorro. Samanta se vio suelta como gavete en medio del descampado. Vacía. Sacó fuerzas. "La nena es mía porque yo la parí y porque él no tuvo el valor y por eso lleva *mi* apellido pero si él regresase, óyeme... escúchame bien...". Ahí, y no en el *mi,* fue que se le quebró la voz a Samanta pero se aguantó porque ya las mujeres del Caribe no lloran. Larianna, no se sabe si para ayudarla o joderla, le completó la propuesta, "...Pero si él regresase usted se la dejaría ver, a la niña... diría usted que al final de todo ella es hija de él". Larianna le buscaba la quinta pata al asunto. Samanta miraba el bollo de lana que dormía la plácida gordura en el fondo del cochecuna pero luego, como por instinto de resorte se concentró en el cristal sucio de un sol que se escapó de la nublada tarde para rendir saludos al otoño. Vio las manchas descapotables y sin alma que flotaban como la parte

67

rezagada de una marcha de carrozas por encima del asfalto. El centenar de Zapotecas marchaba en celebración haciendo que todo se empapara de abatimiento. Dos mujeres asoladas en un pueblo maldito, condenado a la celebración de un advenimiento de dioses huérfanos; de ángeles esclavos; de vírgenes tuertas; de paraísos cojos; de estado asociado. Jonás Marthan y el tacto de brasa, la pelvis tirapiedras, la voz profunda del niño que sufrió tanto de asma en una mediaisla azotada por el Fondo Monetario Internacional. Larianna consideró envenenarla. "Hacerme de un frasco de veneno y rociárselo en el Linguine a la Gamba. MATARLA. Quién coño va a enterarse".

Como buen mesero, que eso sí que lo era, el hombre decidió rescatar a la más joven de las mujeres porque a fin de cuentas le cayó bien mal la pretenciosa pseudointelectual y porque tenía una hija deshonrada de la mismísima edad de Samanta Lorzsinsky. Respirando por su vida se lanzó a interrumpirlas con un Marqués del Riscal Gran Reserva sabiendo muy bien que, si la mujer más flaca sabía tanto de los delirios de la gastronomía no podría reprimir el deseo de llevarle la contraria. La cosa no quedó ahí: Larianna le leyó la intención al macho y cuando éste le presentó corcho y etiqueta con toda la parafernalia que se estila, la mujer más elegante retó, "Que lo cate ella". Un silencio de hielo seco se apoderó de los tres por varios segundos, pero ¡JA!, la gíbara salió con un deatráspalante y dijo, "No se preocupe místel, usté sírvalo namás".

En ese momento, para Larianna Lavastida, la expresión *Como un castillo de naipes* adquirió todo el sentido habido y por haber.

"Sé que voy a emborracharme. Mañana llamaré a Virgin Atlantic y pagaré lo que sea por ese vuelo directo business London y ya en la casa voy a llorar la resaca de no haber sido yo la que se escapó con él. Pero quién soy yo para hablar de valor ¿hacia dónde? ¿de qué fortalezas?".

Samanta y Jonás coincidieron en Puerto Rico inmediatamente después de que él abandonara a Larianna en la casita de California. Ese tiempo se pierde en la ficción y solo puede ser descrito mediante la metáfora de una sequía del apetito sexual. "Pero la herida es mortal... no estoy solo, de verdad; me acompaña siempre mi propia soledad" recitaba el mismo amigo que los presentó en el stripclub de Santurce. Ella habló extensivamente sobre razones y genealogía. Jonás no compartió las referencias; las circunstancias. Ella, hija del trasiego, reconoció la cruz ceniza que le sudaba en la frente y cayó en el cliché y le ofreció un baile privado. Transaron. De ahí a la mortificación fue solo un paso. Se cagaron en todo. Todavía ella era una chamaca. Soñaba en espanglish y tenía diecinueve años y quería tener un bar de marineros en un puerto de carga y reciclaje. Él bebía café sin azúcar. A la semana se mudaron juntos en una casa techo Mansard en el área buena de Puerta de Tierra. Nadie sería más feliz. La palabra pintoresco, a la hora de formarse una idea, sería lo adecuado.

Una tarde de chiringas, porros y Ron del Barrilito se antojaron de tener un muchacho. Jonás abrió los brazos en secuencia de gigantes y molinos en la grama; todo él era una película francesa de las de antes. Samanta Lorszinsky aprendió a escuchar jazz y acarició la idea sobándole la bragueta. El resto es esta historia.

Larianna importunó al mesero y le devolvió el pescado porque estaba supuestamente *overcooked*. El señor miró a Samanta buscando la complicidad pero se halló sólo; patético en el chirriar de los cubiertos. La flaca sacó un cigarro de la cajetilla e ignorando al mozo, cuestión de acariciar el orgullo, se dijo que de seguro la mujer se estaba portando como una pendeja porque además de borracha, el despecho le estaba abriendo una sucursal en el vientre.

III

"Depressions are good if you have the money to take care of them", quiso decirle Samanta a Don Eurípides, quien representaba el desaliento de toda una vida dilapidada en la industria del servicio. "Me paso las noches fumando y mirando por una ventana con un vaso de whisky en una mano y un lápiz en la otra" escribió él alguna vez en su *profile* de *Facebook*. Afuera la marcha de veteranos afligidos se preparaba para regresar bajando por la avenida y así terminar el circuito de la vergüenza anual. La bastarda se despertó con un chillido que secó en paro el restaurante. Larianna se incorporaba decisivamente a fumar. Ya estaba bueno. La iba a acabar en el siguiente round. Esta era la oportunidad, el ahora o nunca porque un rayo no cae nunca en el mismo lugar dos veces y era mentira que ella se la iba a encontrar jamás ni nunca después de esta vez. Tenía que arruinarla ahora. "Cuando regrese pido la cuenta y todo se va al mismísimo carajo", se dijo Larianna tomando el cenicero y la cajetilla; dejó escapar una sonrisa de medio lado; hizo el ridículo. Se reconoció vieja y borracha; candidata a cirugías; una mujer malsingada y rota; una mujer bruta en el fondo; bruta y punto. Si Larianna en vez de irse con una malapalabra atravesada por un deseo de llorar mucho, hubiese escuchado lo que tenía que decir el mesero, se hubiese enterado del misterio que ocupaba ese pueblo fantasma.

Tomándose una libertad necesaria, el viejo le explicó a Samanta y al monstruito que ahora descansaba, chupando el pecho de la madre, que la celebración de los zapotecas venía de bien atrás. Se dice que una triada de revolucionarios secuestraron un taxi en la Ciudad de Páez y de ahí pidieron que los condujeran hacia una torre de comunicación porque ellos le iban a transmitir al mundo, o sea, a la BBC de Londres, que la patria era libre y soberana. El asunto terminó mal ya que fueron sofocados a plomo puro por los secuaces del General Potomac. Esa noche para celebrar, el General se excedió con cognac Carlos Quinto y murió de apoplejía. Luego el esquema de corrupción ha seguido inerme. "Quizás hasta peor porque los que nos han tocado son peores en todo el sentido del verbo. Lo que en realidad se celebra es la muerte del General. Los rebeldes zapotecas se anotan el triunfo. No hay historia capaz de rebatirles nada; además, otro día feriado no le hace mal a nadie; al menos, esa es la costumbre".

La marcha ahora pasaba de vuelta ya sin esplendor y un poco en desbandada. La noche había caído y era tibia, pasmada a mitad del cielo y el suelo en un aire rehusado. Los maquillajes se derretían y la quinta cerveza iba cayendo mal. Muchos jóvenes zapotecas aburridos, celebrando cosas de viejos que no entenderían jamás. ¿Qué era la patria? Según Eurípides, zapoteca confeso en los años de juventud, para decir *patria* habría que ponerse una gillete en la lengua.

Larianna encendió el segundo cigarrillo de la manera acostumbrada y se dejó derrotar por el llanto ante la pareja que había pagado cien euros para desbaratar una figura de arena y hacerse fotos. Los imaginó queriéndose de vuelta en el cuarto de hotel. Se pensó a sí misma frente al espejo, sabiéndose esperada por la soledad del aire acondicionado de la habitación. Larianna pensaba a la mujer recién casada que besaba al afortunado en la arena, y le canjeaba la cara por la de Samanta y ese viaje le multiplicaba el resentimiento. Lo vio a él, a Jonás, ágil, abrazando al enemigo en la orilla, jugando a tirarla en la arena y toda esa charrería... una película de Abel Ferrara. La cursilería le revolvió el vino, enrostrándole la borrachera. El camino que quedaba era o decir que la noche había acabado o pedir un trago más. Se puso de pie y llevó el cigarrillo a la boca y se dijo "Tú te vas a beber otra copa de vino y vas a sacar la tarjeta de crédito y te le vas a reír en la cara y el cuento va a acabarse. Tú pónle el punto Larianna. Tú eres la que decide". Quiso dejarse quemar por la colilla y colocó, sonrisa batiente, un pie en el asfalto. La distrajo el globo rosado que ascendía sin un dueño que abusara de la torsión del cuello

71

para seguirlo en su destino de espuma. Miró entre la multitud de caras vencidas, borrachas, trajes alquilados, escopetas de juguete, abuso de la pirotecnia; volvió a mirar hacia el cielo y pensó en el destino y la trayectoria del globo; se le aguaron los ojos; las sandalias tocaron la grama. Desde la isleta la avenida volvía a rebelarse casi desierta; entre los fantasmas vio a la zarrapastrosa hablar con el viejo; el viejo sacaba una carpeta negra del mandil. Era la cuenta. Larianna no pensó y se tiró a impedir la debacle; casi al mismo tiempo del quinto paso, poco antes de verse en medio de la pista, el Mustang dorado regresaba furioso. Esta vez frenó tarde. La ambulancia estuvo siempre cerca así que ni siquiera encendió la sirena. Solo los comensales de la terraza se arremolinaron alrededor de la víctima. Adentro, descuidando intereses, derrochando, Samanta le pedía como una hija a Don Eurípides que le añadiera a la cuenta no el quince, sino el veinte por ciento de propina.

Caine

Trama: Paso las noches en un hotel del Viejo San Juan. No es que viva ahí sino que trabajo, ahí, desde la medianoche hasta las ocho, toda la semana. Es un turno matador. Va secando el cuerpo con tersura. Se van sintiendo las noches en la espalda. Los días son fantasmagóricos. Contrario a lo que creen aquellos que se amanecen por placer, es durante el día que vemos los espectros. Todo empeora si durante el día hace calor. Según los meteorólogos el calor llega a su punto más tremendo a las cuatro de la tarde. Se le recomienda a la gente no salir a la calle. Si la temperatura está a más de noventicinco grados los abanicos no sirven de nada. Hay que cuidar de las mascotas, de los niños; si se tienen ancianos en la casa y no hay aire acondicionado, "llévelos a un centro comercial. Hidrátelos".

La mayoría de las madrugadas son silenciosas. A veces hay tejemanejes en las habitaciones; por lo regular aparece alguna turista con su jevo. Es un turno con menos novedades de lo que se podría pensar, considerando que el hotel se encuentra en el centro del Viejo San Juan.

Una noche de verano apareció Caín y las cosas tornaron bruscamente.

Caín tiene veintidós años; el pelo engelatinado a la perfección; unas gafas italianas con el sellito en la esquina; bigote acicalado; *el pecho forrao e' cristales*; unas tenis doradas y un reloj francés. "Dame una habitación", dijo soltándole un poco de rienda al macharrán intrínseco. "Sí cómo no voy a necesitar su tarjeta y una identificación". Balbuceé, de ímpetu empequeñecido. "La habitación más cara", aclaró él, sin meterse las manos en los bolsillos ni nada. Pasaron diez años entre nosotros pero ni uno de ellos por la chamaca con la que andaba. Sí. Andaba con una jeva que no podía llegar a diecisiete y estaba más dura que un cáncer. Para comérsela en cantos. "Hay o no hay"; pude notarle ahí el tono de la voz: imperativo. "Tarjeta e identificación... por favor"; sabía que esto me iba a traer algún problema. "Tengo un arreglo con la gerente. Llámala". Miré sin querer el reloj: 3:40AM. Termino dándole la habitación al tipo, sin pensar. Cinco minutos después empieza la gritería allá arriba. Era como si la estuviesen matando. El hotel estaba casi vacío. Nadie llamó a recepción para quejarse.

Trabajar de noche jode bien duro el esquema cotidiano. Se pierde el facultativo de determinación en las fronteras del día. La luz puede convertirse en una cosa maligna. Hay mañanas en las que ni por cansancio se consigue la dormidera.

En mi caso específico tengo un sistema; consiste en tomar siestas y vivir a puerta cerrada. Hay dos lámparas blancas en las esquinas por si acaso. Así duro cuatro días hasta que caigo y duermo quince horas de corrido. ¿Cómo se siente? Es como vivir en una burbuja hecha de desfase; un *jet lag* constante. Para esto he sacrificado lo que se llama la "Vida Social". Vivo en un mundo de fantasmas y espejos infinitos. Lo impalpable y las repeticiones;

casualidades absurdas; un mundo de otras ficciones; ¿qué tanto se es la ficción del otro? La aventura no siempre vence al miedo.

Fumo merma. Me tiro en la falda del Morro a ver atardecer en arrebato. Imagino otras ciudades; el sistema planetario que componen las habitaciones del hotel; la cosmogonía de mis noches. Pienso en una Navidad en Milano. En un maratón de películas de Akira Kurosawa. En hace cuánto no acaricio algo de mujer.

Después de dos cafeses y haber comido cualquier cosa me voy al trabajo. Me sorprende que mi jefa no haya dicho nada sobre el reporte del incidente con el tipo anoche. Se llama Caín David, me entero. Esa parte del reporte está toda tachada con corrector. Al lado una nota de que me comunique de inmediato. Se me dice que el chamaco es amigo de ella y que cuando venga al hotel se le entrega la llave y punto; lo que él diga. "¿Entendido?", me repite y es imposible no evidenciar que hay algo en el tono. Es raro escucharla así. Ella es neurótica y control freak esquizofrénica, si eso es posible. Puede ser extremadamente considerada la mayoría de las veces, pero tiene unos *mood swings* que si uno se deja coger puede salir flagelado. Pero con este asunto ella cedía de una manera extraña. Dos noches después se aparece Caín con otra chamaca, que si uno le recortaba la cara a la otra y se la pegaba a ésta, no era que cambiara mucho la cosa; aunque la chamaca de ahora iba un poco más ordinaria que la anterior; cómo ponerlo; a esta se le notaba un poco la barriada. Él, como siempre, como sacado *live action figure adult size* de una película mala de reggaetón. Esta vez el problema fue que tardé un poco en contestar el timbre y abrirle la puerta. "Mera que es la que hay estás durmiendo tú o qué"; me recriminó sin respirar. Un yo que hasta ahora no me conocía tembló de rodillas y pidió excusas, como si el tipo fuese mi padre. Le hago check in y el procedimiento igual con esta jeva, a la que también se le notaba la ausencia de alcurnia en la manera de pedir que le dieran más duro; insistía en una obsesión con que le dieran con una mandarria.

Drama: Despierto a las ocho de la noche bañado en sudor. No queda café. Me baño largamente y me tiro para el supermercado. Al salir de casa pasa una mujer con la que quizás hace un año me di dos estrujazos aquí en la casa. Pero la confundo con otra tipa y la saludo de manera glacial. Diez pasos después me doy cuenta de que eso fue una cagada. Compro una botella de Ron del Barrilito; un paquete de Panadol PM y un tarro de café. Hay una muchacha nueva en la caja. Eso molesta en este supermercado. Cambian demasiado de personal y a mí siempre me tocan las cajeras en entrenamiento. Esta es fea con cojones. Tengo que comprar yerba antes de ir a trabajar. Subo al Callejón pero nadie tiene. Cruzo la avenida para bajar a La Perla. Allí se me presentó el inconveniente.

Reglas para bajar a comprar drogas a La Perla:

1. Defina lo que necesita desde antes de bajar.
2. Lleve cambio exacto.
3. Mientras esté allá abajo olvídese de que tiene un celular.
4. No mire la gente a la cara.
5. No converse durante la transacción.
6. Compre y váyase. Evite el jangueo.

Estas reglas no son específicas, pueden variar dependiendo de la noche y la situación. Utilice su sentido común. Las cosas en La Perla, como el pasto, *cambian todos los días*. Esto último fue lo que me trajo problemas. La frase vino de la boca de un tirador al escucharme decir –sí, hablé– que "El pasto chinita me da dolor de cabeza". Inmediatamente lo dije, supe que no debí haber hablado. Cometí una falta grave y se me estaba dando un chance. "*Do not make any kind of conversation*. Es la primera vez que oigo esto", dijo uno, entonces el otro fue que dijo "Caballero, el pasto cambia todos los días". Hubo algo específicamente en el *caballero* que fue lo que me dijo del error. Quise arreglarlo claro está. El chamaco de inmediato se puso violento. Cuando me venía a partir la vida se escuchó la voz que dijo "Raulo tranquilo puñeta". El tipo me llamó y me acerqué a la esquina, era Caín, el tipo del hotel. Salvándome.

Me brindó una cerveza y un shot de chichaíto[1] y se puso a janguear conmigo como si fuésemos hermanos de toda la vida. Ahí me enteré que Caín no es el nombre sino un apodo que se le quedó de chiquito; su papá era un gringo de San José California que se estaba oxidando en el escritorio de un banco como subgerente. Vino alguna vez de vacaciones a la isla y de pinga loca preñó a su vieja, que ahora está muerta. La mataron en Nueva York al final de los ochenta. Él estaba bien nene y la tía lo mandó para Santurce con la abuela. Se crió en La Perla y según las estadísticas ya es un muerto, porque dadas las condiciones de su trabajo –él controla uno de los puntos–, la media determina que su vida se acabó a los diecinueve y él me confirma que acaba de cumplir veintiuno y que pretende llegar a cuarenta y cinco y se pone la mano detrás de la cintura. Me siento protegido pero no puedo dejar de sudar y quiero relajarme pero no puedo. Levanto los ojos y veo la barriada alegre, puestos de pinchos de pollo, mujeres vendiendo los filis. Pienso en Filí Melé e inevitablemente compongo un verso horrible. Se llama Caín porque el papá es de apellido Caine, y vino dos veces a la isla. La segunda vez se los llevó para Nueva York. Allí cometió un error y tuvo que irse *overnight* para California para que no lo siquitrillaran. Solos quedaron madre e hijo en el apartamento del Bronx. La madre muerta ya se ha dicho. Del papá supo porque cinco veces le llegó

---

1. Chichaíto: un *shot* hecho a base de parte de Ron Palo Viejo y parte de anís –no puede hacerse con Sambuca porque es imbebible– Paloma o del Mono. Me ha traído serio problemas en la vida. En un sitio de Río Piedras, ciudad universitaria, académica, señorial y revolucionaria, que se llama "El Refugio", fue donde me surgió el problema más grande. No hay manera de traducirlo al inglés, lo que representa un chiste para los bartenders con los turistas. Las gringas lo piden como "Dame un *Little Fucking*, porgr favorgr".

un cheque a casa de la abuela en Puerto Rico. Él nunca quiso ponerse la ropa o comerse la comida que compraban con ese dinero. Odiaba a ese hombre y para colmo le llamaban como él. Caín. Caín David puede morir en cualquier momento. También puede matar. Ya que un teco pasa a su lado y sin querer lo roza y él saca la pistola para matarlo. La saca delante de mí y ahora puedo comprender un poco el temor de la cabrona de mi jefa. Él tiene cierto control y la vida que lleva lo aleja cada vez más de nosotros. Nos lo arranca. Él pertenece a una legión de fantasmas que tienen el resoplido enfermo de la guadaña refrescándoles el lomo. Es un trabajo difícil, la droga. Me excuso del convite pero tengo que ir a trabajar y él me deja marchar con la vida nueva que me ha salvado. Si antes era mi superior ahora es mi hermano mayor. No ha pasado nada. Atravieso el cordón de los tiradores que ofertan a voz en cuello la mercancía: una cocaína que se llama Gárgola; el pasto Chinita, Filiberto, Arroyo, Jordan, Corona, Heineken, Palitroques. Maneras de pasarla, ni bien ni mal, solo sobrevivir una noche más. Quizás no seamos tan lejanos Caín y yo. Quizás mi muerte no está tan desconocida o apartada. Quizás otros deciden. Quizás pertenezco a esa legión.

Afroturismo

Lo peor para un bartender es hacer el turno de los domingos desde las seis de la tarde y que la barra se te venga a llenar a las once. Cinco horas pelando menta para los mojitos, enmascarando el ánimo. La banda afinaba y pronto empezó a llegar la gente; grupos de tres y siete; dos parejas: una chamaca que estaba bien dura en sus diecisiete años con el novio, el típico cuerpo de gym trainer; pero lo que me rompió los huevos en la funda fue la pareja de japoneses fashionistas que pidieron dos mojitos y dos shots de Cuervo. El repertorio de la banda pasaba por trova, salsa de Maelo, se arrastraba hasta lo carioca... los tipos ponían a la gente a bailar. Entre trago y cerveza me daba tiempo para encender cigarrillos y quedarme mirando hacia la pista, rota por el encanto de la pareja joven. La jeva bailaba, al tipo no lo vi. Yo no bailo pero en ocasiones ejerzo mi cuota sankypankística. A las pollonas de Vermont les encanta el afroturismo.

Ahí estaban los japoneses; bebiendo inamovibles, como si esperaran. En el medio de la pista la parejita brillaba los mosaicos. Él la mostraba, ella se movía, embelesando más de un gringo. El cantante anunció que después de la próxima tomarían un *brei-*

quecito, "Pero antes, un temita a lo cubano..." No sé por qué disparé los ojos hacia los japoneses. Nada más hicieron vibrar los primeros acordes del Buena Vista Social Club y ellos se pararon solemnes a bailar con garbo. Y bailaron más bien quel diablo. El perro de la tristeza de adentro me mordió bien duro. Recordé a una mujer muerta en Varadero. En la pista los nipones daban giros pirueteros, rompiendo en tres a la parejita de jóvenes, quienes poco a poco empezaron a imitar sus pasos.

Merengue

para Pablo, de a duro.

Pues que te digo chica que para ese verano yo tenía casi catorce porque si a los quince estuve en la Escuela Naval pues en los catorce fue que regresé de Nueva York media rota por Gino y tratando de rehabilitarme en la posibilidad de ese barrio, cómo te lo explico, a mí se me hacía como imposible bregar con la pobreza y de momento en una rebeldía de la adolescencia aborrecí los abuelos y la casa materna y el barrio, principalmente el barrio muchacha, una sexualidad absurda en ese barrio muchacha, un miedo al cuerpo, eso me sembraron a mí en ese barrio Juliana, un tremendo y definitivo mal hedor en el cuerpo por el deseo al otro cuerpo por ejemplo, mito número uno, *Un merengue tiene que bailarse apretado si no no es merengue.*

"Lo que en realidad ella no va a contarme es que se sabe mucho más de su vida de lo que ella se piensa. Por ejemplo, escuchándola, uno puede inventarle innumerables vidas a partir de los retazos de historias que se pueden recoger desde las largas conversaciones con su hermana, los reproches y las maldiciones que en silencio le echa su madre y las cosas que confiesan sus exnovias en una página de *MySpace*. Por ejemplo, la historia de Gino va más allá. Gino era un chico curazoleño que se había mudado a Nueva York porque al hermano lo firmaron para jugar pelota. Era novio de la hermana, quien para ese tiempo tenía unos doce años... pues esta loca, con apenas catorce, buscó la manera de arrebatarle el novio a la hermana. Hubo crisis, pero de tal modo que tuvieron que enviarlo para Santo Domingo... eso es lo que lo que la loca ésta evita contar; porque contar ella sabe muy bien; cada quien cuenta lo que le conviene. Aquello de que aborrecía el barrio es verdad. Y no la culpo porque el barrio es aborrecible. Villa Duarte es como el inodoro de la Avenida España. De que si odiaba a los abuelos no sé qué tanto tenga de verdad. Yo la he visto en noches de excesos, como a eso de las cinco de la mañana, llorar al abuelo".

Tengo para decirle querido Maestro que hace mucho se dejó de bailar merengue de esa manera, aunque quedan algunos sitios de nostalgia en el Bronx en que hay un momento para bailar discos de los ochenta. Entonces la cosa cambia. Te cuento que yo a los catorce estaba bien metida en eso de Vico C y todo eso, tuve un novio en el barrio que le gustaba esa vaina de MC Hammer con cojones y me metía cocola como por dos semanas, mito número dos, *Todas las dominicanas saben bailar merengue*, falso de toda falsedad mi querida Watsan, pásame ese bulto, okay, odiaba a los abuelos te decía, quería renegar de ellos, entonces apareció un amigo, de afuera del barrio claro está, porque en ese hoyo de mierda nada prosperaría; el amigo vivía en los multifamiliares de la Avenida España y se llamaba Juan Carlos y estaba interno en un colegio bien caro de jesuitas y jugaba al fútbol.

"A la madre fui a verla a Ámsterdam. Resulta que la loca ésta y yo conseguimos llegar a Viena para montar un show y todo el mes que estuvimos ahí la loca se la pasó con la historia de que si llamaba o no llamaba a la mamá; que tenía mucho que no la veía; hubo noches en que dijo que sí que la llamaba mañana definitivamente para visitarla *on the way back to New York* pero al otro día frente al teléfono y la tarjeta de llamadas todo era un comerse las uñas; la tensión en el cuarto de hotel se ponía en una condición que lo mejor era salir y dejarla sola; pánico. Terminó llamando a la mamá y arrastrándome a mí al reencuentro. Frente a dos copas de Remy [es lo único que bebe la doña], la mamá de éste me confesó que el novio al que se refiere en este texto, era hijo de un notable del barrio, el dueño de una bodega; el chamaco se llama Vittín y todo el mundo sabía en el pedazo de calle que al chamaco se le mojaba la canoa pero cuando se enteraron del idilio entre los dos machos terminaron mandando a Vittín para Nueva York. Aquí a la doña se le aguan los ojos y pide unas monedas a las mesas y se excusa para poner un disco. Pone una canción de José Feliciano y regresa con los ojos en cascada y por el temblor de la voz se le adivinó el llanto reprimido pero sacó valor y dijo, sin mirar al hijo que comía lentamente granitos de maní, 'El gran error de nosotros todos fue resolverlo todo con mandar los hijos para Nueva York... ese de allá para acá de sazón no le puede hacer bien a nadie.'"

Pues ese verano yo había renegado de la pelota, mito número tres, *Todos los dominicanos son locos con la pelota*, y me puse a jugar baloncesto en la escuela pero me di más o menos bueno y llegué a meterme en la liguilla que se hacía los sábados en el barrio de Calero, bueno, ahí conocí a Juan Carlos que no sabía jugar y me dijo que si yo le enseñaba y qué sé yo empezamos a janguear pero nunca sospeché que era maricón, maricón te digo, pero no me di cuenta en ese momento sino con el tiempo porque el hermano de mi mamá es pato, lo botaron de la casa y todo el drama y la loca superfeliz porque imagínate, salir de ese hoyo de mierda que era el barrio; lo mandaron a donde una tía en el Ensanche Ozama, que era evangélica a ver si lo curaba; ella había hecho unos estudios en Puerto Rico supuestamente para unas oraciones y unos *counselings* para que a una le dejen de gustar los hombres, que supuestamente para ellos el asunto de la mariconería no solamente tiene que ver con el gustar sino que tiene raíces en otro lado.

"Juan Carlos fue un novio que se consiguió después que le separaron a Vittín de al lado. El abuelo insistió en que iba a curarlo llevándolo a ver mujeres encueras más allá de la Avenida Duarte, en unas cuererías que hay detrás del edificio el Huacalito. El abuelo no quería cometer el mismo error que cometió con el hijo que tuvo que botar de la casa. Para el abuelo la única manera de curar la mariconería era a golpes y poniéndolo a bailar pegado con mujeres de la vida triste".

El macho me gustaba pero yo nunca le tiré porque no supe nada hasta que mi tío lo sonsacó una tarde de playa en Playa Caribe, una playa que queda un poco más para allá de Boca Chica, un poco después del aeropuerto, tú sabes, tú has ido, bueno, yo fui a buscar unas cervezas y me entretuve hablando con unas chamacas del Don Bosco que había conocido en una kermesse hace como dos semanas y de ahí nos veíamos en todos los lugares, bueno, llego con las cervezas y me encuentro a Juan Carlos con el ripio del tío mío en la mano y no se sorprendió ni nada sino que siguió actuando como si fuese la enésima vez que él hacía esas mariconerías delante de mí y en la playa una tarde en pleno domingo así como saliendo del clóset de esa manera en un país como ese, chica, te estoy hablando de que esto pasó un poco antes del ocaso de los noventa, es un país atrasado, te estoy diciendo, todavía hay gente que cree que la patería es una enfermedad, bueno, yo te lo digo, o es que tú no te has leído los libros de Alegría ni has ido a las conferencias, *¿Qué es ser homosexual en el Caribe del nuevo siglo?*; *De adentro para afuera: el despresti-*

gio de una lucha desabrida. Las cosas han cambiado, bueno te digo, desde ese instante las cosas cambiaron en la relación con el tío y con el amigo, porque a todo esto Juan Carlos tenía una novia medio seria, Glenda, una muchacha que parecía un guppie abortado pero tenía buenas tetas según el vulgo y verdad que las tenía, porque una tarde Juan Carlos me dijo que me metiera en el clóset para que brechara a él y Glenda bregando y se vieron esa tarde allí, sucedieron cosas tan interesantes que me reservo el derecho. Échame más, no te bebas todo el vino cabrona, a qué fókin horas vas a terminar de maquillarte. Mito número cuatro, *Si piensas que tienes algo déjalo libre, si regresa siempre fue tuyo, si no, era dominicana.*

"El tío tenía una posición importante en el Gobierno. Era uno de los guardaespaldas del presidente de ese tiempo, Balaguer. La loca sabe muy bien que no debe meterse en política, así que nunca aborda, cuando cuenta, las noches de bacanal con el tío que cuando supo que compartían las mismas debilidades pues llenaban la camioneta con muchachitos que iban enamorando por los barrios. Una noche borracha a la loca se le zafó contarme que lo que al tío le encantaba era entrar a media noche a la Casa Presidencial y sacar un litro de Etiqueta Negra, o dos, para después irse todos a una barra que era como una casa de familia y quedaba detrás de lo que era el Hipódromo Perla Antillana. Yo tuve una tía que vivía por ahí. Ahora todo eso lo desbarataron para hacer la Plaza de la Salud. Se iban con los chamaquitos a emborracharlos y ver un show de dragas en esa barra y luego a fumar tiritos de merma y luego a masturbar los chamaquitos. La loca era enfática en que nunca hubo penetración por esos días y que todo era un sobarse y besarse y darse lengua con otros hombres, tirarles el whisky por los cuerpos, beber de los cuerpos de ellos y poner el cuerpo para que otros bebieran. Se sentían felices por las contradicciones. Estaban bebiéndose el whisky del Estado en los cuerpos prohibidos. Los cuerpos equivocados".

Yo le hice los *moves* a Juan Carlos pero él siempre me pichó. Me la pasaba en su casa; el papá era alcohólico de a dos botellas de ron la noche; un bebedor disciplinado e imperturbable mientras la madre era una doctora que había testeado ya el desengaño de la mediana edad. Estaban duras las cosas en los noventa en ese país pero había una esperanza pero ya lo ha dicho Alegría en su libro *La pasión de Morgana Torres*, "Quizá esa luz que viene del otro lado del tropiezo puede ser un tren a contracoñazo; ten cuidado; no cometas". Bueno, el tiempo pasó y el que se murió fue el abuelo, y tengo para decirte que no es lo mismo llamar al diablo, porque yo lo lloré a ese viejo, lo lloro todavía, la abuela no se ha muerto pero salió del hoyo para otro hoyo porque todo el mundo sabe lo caído que está Nueva York, al menos esa parte dominicana de *New York*, perdóname la rudeza pero para mí no es Nueva sino *New,* yo nunca conocí otra cosa. En *New York* conocí a Y., que estudiaba con una beca en Parsons; qué te cuento de Y., que era un muchacho de un campo adentro del Sur en la República, un Sur que siempre ha tenido mucha mala suerte, bueno, el Sur, te digo, un tipo del Sur con un poco de talento y se vio en *New York* un poco confundido, para mí que era pato pero no lo quería como tragar, era una cosas para adentro, como para él mismo, su mariconería, bueno, yo hombre nunca le conocí, pero sé que esas noches oscuras de una barra que se llamaba Caña, en Midtown, él me llegó a tenacear el ripio un par de veces bailando y haciéndose el loco. Loca de besar a un hombre o de irse una semana con un hombre no era; era más bien una loca de sobar a los hombres; de tentar al enemigo. Yo también he estado con mujeres claro está, como por ejemplo la prima mía esta Norelia, que me rompió que le pidiera el alma, bueno, ejecuté y estuvimos en eso por un tiempo agrietado por las indecisiones; ella también tuvo una novia por esos días, una muchacha que estudiaba con las monjas Sanchinas en Villa Duarte, Karina se llamaba, hija de un Senador era, loca con el cuerpo, con la mafutería, buenas fiestas se daban en esa casa, de lunes a lunes, te digo. Yo estuve con ambas. Mito número cinco, *La República Dominicana ha cambiado, ahora somos más tolerantes con los cuerpos del margen.* Después hubo en *New York* un tiempo bien oscuro porque no se me daban las cosas ni con hombres y lo que aparecían eran mujeres como para darme problemas, con esto te confieso que nunca yo salí como en busca de una mujer sino que las cosas me caían en la falda; una noche de bellaquería, por ejemplo, estaba yo en una fiesta en un apartamento frente al Central Park, eso es lo único que recuerdo de localizaciones; la jeva era la esposa de un actor de teatro que me había contratado para hacerle un vestuario; bueno, él no estaba y ella estaba y estaba otra jeva colombiana y un doctor colombiano dueño del apartment y otro colombiano, el asunto es que en medio de la bellaquera y bailando con la jeva del director una canción de Susana Baca, yo me vi manoseándole un seno y ella dejándose; de ahí al chulimameo fue un paso. Hubo un forcejeo por el otro colombiano, no el doctor, que se puso violento y borracho. Nosotros, ella y yo, lo evitamos al tipo y nos metimos a una habitación a darnos de a duro. En un momento determinado ella quiso que le diera por su parte trasera y yo lo di como me lo pidieron. Hubo goce. El colombiano furioso, afuera lloraba. Escuchó tangos como hasta las cinco de la mañana y luego bajó a esperar un taxi.

"Yo conocía la loca quizás por el único novio que tuvo por ese tiempo de sequía sexual nuyorkina. El chamaco se llamaba Nelson David y era un dominicano treintón que trabajaba en el mismo McDonald's con la loca, uno que quedaba en la Bruckner & Willis en el Bronx. La loca se portó bien machito como evitando cosas en el lugar de trabajo pero bastó un sábado de tarde en otoño en donde Nelson David lo convenció de que fuesen a comerse un arroz con pollo al apartamento de Nelson David que quedaba en la Councourse un poco más para allá del Yankee Stadium. Ahí Nelson David le dijo que se pusiera cómodo y le prendió un porro en la cocina mientras él lavaba el pollo. Cualquiera creería que la banda sonora que se escucharía ahí sería la misma canción que suena en cada cocina inmigrante, ya sea en Barcelona, en Gallarate o en North Haven, pues no, en vez de Fefita la Grande Nelson David tenía puesto un disco de Gustavo Cerati en donde canta con una japonesa, japonesa también era la bata que Nelson David se había remangado para lavar el pollo con naranja agria y poner el mojo a sofreír, no sin antes darle una cerveza que pitaba de fría a la loca y darle un par de hits al joint. La tarde esa terminó con ellos en la cama, Nelson David dándole un masaje a la loca, convenciéndola de que tener una aventura en el trabajo no era nada. Tuvieron la aventura. Y al día de hoy no hay señales de arrepentimiento aunque ese tampoco sea un tema recurrente en el repertorio de la loca".

Afuera dormían el médico y la otra colombiana, quienes entraron a la habitación después como a eso de las seis y media y empezamos a besarnos todo el mundo allí. En verdad te digo que hay noches en que la vida se me hace agria y yo quiero volver allí, a cosas como ese sábado después de esa resaca, a esos monstros hechos de otros cuerpos y otras caderas y otras columnas y otros sabores. Te digo que ese verano se superaron los mitos, se acabó la espera. Mito número seis, *Todo el mundo tiene un primo en New York*. Una noche después de mucho de no ver a Juan Carlos me lo encontré en el Quinceañero de Mitzy que fue una cosa de apaga y prende, en el Hotel Lina. Me dio gusto verlo tan fuera del clóset; bailando con mi tío, ya de novios, en la terraza del hotel como si no les importara nada, y en verdad a nadie le importaba, todas las señoronas estaban dentro, asfixiadas por los cuernos de los maridos y el olor a gardenias que se empapaba fabuloso por entre el aire acondicionado. Salí a decirle a mi tío que mi abuela se estaba aburriendo y teníamos que irnos y él tenía la llave del carro y ahí fue que lo encontré bailando el apambiche con Juan Carlos.

"Quisiera seguir tratando de justificar este frenético teclear. Este exceso en el vivir, pero los recuerdos viven para nosotros, hay recuerdos como hay corazones, no se recuerda con la mente calculada, se rememora, y para conjugar ese verbo la única manera para hacerlo es el cuerpo. ¿Somos lo que recordamos? Lo mejor sería acabar. Pero cómo, si estamos llenos tanto de voces como de muertes. Si muero ahora, esos otros que me palpitan hasta salirse un poco de mí, ¿se arrastrarán a la bajeza de mi *finest hour*? ¿Comprenderán que se ha acabado la cuerda? ¿Qué ha cantado la gorda? ¿A cuántos pertenece este testamento? ¿De quién era esta voz?".

Para esos tiempos Juan Luis Guerra estaba bien pegado. Cuando regresé al salón de fiestas a la Quinceañera le cambiaban las zapatillas y había en una de las paredes un *PowerPoint* de ella caminando en cámara lenta con un vestido esponjoso, horrible, azul marino, en el Jardín Botánico. Lo único que tengo vivo en el recuerdo es que las fotos carecían de caché. Llegué a la mesa de la Buela que en realidad no quería irse y me pidió otra cerveza, me di cuenta que la Buela estaba borracha y me dijo un secreto, "En el otro lado, aliniada con esta misma mesa, hay una mujer con el mismo vestido y los mismos aretes que yo". La Buela estaba borracha de Barceló Añejo. La Buela se refería a su imagen reflejada en los espejos, multiplicada tantas veces hasta todas nuestras muertes.

Gangrena

I

Imposible precisar si fue el ruido de las llantas o la confusión que lo arrastró media esquina. Todo vale poco frente a la certeza del nombre completo en la esquela. La foto es la misma que utilizaron en el cartel en la universidad. Aquella fue la primera vez que supe de él. Me inscribí en su curso porque era la única alternativa para la venganza. Lo que menos necesitaba en mi vida era un taller sobre "La dramaturgia del cuerpo".

Bastó la primera clase para convencerme de que era odiable.

No cabía duda, el elemento sabía combinar verbo y voluptuosidad. Era fácil deducir el sucio toque sensual, los gestos que parecían empujar las palabras y luego acentuarlas con algún halago a la hora de corregir los ejercicios. El murmullo de las estudiantes a las que mantenía en vilo, que querían matar muriendo por él, que hacían fila para comérselo vivo, llegó a abrumarme en más de una ocasión. Me mortifiqué un poco en las primeras sesiones ya que no me llegaban ideas concretas para hacerle daño. Bastaron tres semanas para que el plan se presentara de súbito. Quedó convenido: Emeterio de Goncalves iba a sufrir.

El peor lugar para guardar un secreto es un Departamento de Humanidades. Emeterio llegó a la isla gracias a una abrupta separación y un error de tráfico aéreo. Los pocos amigos, ante el cuadro orientado hacia la autodestrucción, le aconsejaron quedarse. Pusieron sus manos en el fuego para conseguirle una plaza pero lo único que lograron fue que impartiera los talleres. Todo fue improvisado. Ante la pregunta de qué, en realidad, era "la dramaturgia del cuerpo", el maestro dudaba; le era imposible organizar o englobar los conceptos; los conatos de ilustración siempre terminaban con un chiste, traído por las barbas. Me agradaban esas pifias; era ameno ver cómo iba hundiéndose.

La mujer lo había engañado. No fue difícil conseguir esa versión de los hechos ya que nunca guardó pudor a la hora de sostener la coartada. Según su historia aquella noche tomó la billetera, dos camisas y unos guantes de boxeo, parte esencial de una obra de teatro que esperaba todavía estrenar. Esta supuesta obra lo significaba todo para él y lo requería en la mejor de las condiciones físicas. Debido al rompimiento y la mudanza enfrentaba problemas para reorganizar sus entrenamientos pero las clases lo estaban ayudando a ubicarse. Rememoró la madrugada terrible en donde se le reveló la traición; mencionó la resaca sin tregua; dudaba si el dolor fue menos o más debido a la borrachera. Luego de reprimir un falso ataque de pánico, tuvo el coraje de insistir en su pureza: él, que nunca le fue infiel; él, quien sólo quería *amar*. Esa última palabra me revolvió el estómago. La profesora que escuchaba el relato no aguantó y le dio un abrazo; incluso prometió ponerlo en oración. Emeterio de Goncalves tardó poco en admitir que su problema no era el vicio como tal sino su actitud fanática ante la vida.

II

La versión oficial habla de la consecución de un milagro, aunque radio bemba reitera que en realidad embaucó a la directora del Departamento: una mujer de cuerpo desafortunado que intentaba aplacar años de gélida actividad carnal en clases de meditación y retiros espirituales de los que regresaba con horribles vasijas de barro. Emeterio jugó bien esas cartas y para el próximo semestre ya estaba dando dos clases, más el taller, que tuvo la cachaza de repetir dos veces durante el período. Cundían rumores de que también se estaba tirando estudiantes, lo cual no fue fácil probar ya que el tipo tenía carisma y se vendía incapaz de hacer algo parecido. Decidí matricularme no solo en sus clases, sino que soporté de nuevo el taller. El odio se me fue amenizando por dentro. La frecuencia con la que se habían impuesto nuestros encuentros dio frutos y no pasó mucho tiempo hasta que la coincidencia en los bares se hizo costumbre. Una tarde nublada, ya por la tercera cerveza, se interesó sobre mi vida, luego de haber resumido la suya en grandiosos proyectos y bosquejos infalibles. Fui breve pero no mentí. Expliqué el origen de mi apellido justificando mi acento enlosado. Entonces eres gringo, anotó claramente, ahuecando la arruga que le ensuciaba el labio menor. Solo después supe que estaba sonriendo. Me importunó el comentario pero evité cualquier exabrupto; pedí otras dos cervezas.

Soy mitad dominicano, dije un poco más tarde. Afuera la lluvia, mecida por un viento impetuoso, arreciaba sin pretensiones. Él ya no escuchaba. La borrachera le resaltaba el ramalazo seco de aquella sonrisa. Me puse a jugar con un cenicero y sin darme cuenta comencé a medir cómo crecía mi desprecio hacia el hombre que descansaba todo el peso de los codos en los muslos robustos. Anunciando caderas de mujer; de reojo atisbaba, a veces los goterones que le besaban el ruedo de sus pantalones amarillos, otras, las faldas y pechos de las estudiantes pelo rizo que tintineaban, bachateando en la fosforescencia que les regalaba el contorno de la barra. Una morena de segundo año de biología se acercó a la mesa justo cuando me destrozaba los labios, incorporándome, para golpear al tipo con todo el peso de la botella.

El mesero trajo la orden de pollo y papas fritas, encendió un cigarrillo y levantó la vista hacia la avenida. Comentó la posible vaguada mientras devolvía la atención al medio de la pista: tres núbiles del equipo de natación jugaban a jugar que demoraban las manos, alargando los arcos de la espalda baja; lo que en verdad molestaba era la ausencia de circunstancia en los rostros rosicleres, enmarcados por el pelo todavía exagerado de escarcha y los ojos estremecidos por el exceso de rimel; para colmo, uno de los tubos de luz parpadeaba con un sonido eléctrico, llenando la música de un sentido de desolación y precariedad. Cuando el merengue terminó con una nota marcada por metales, incluí a las sirenas y a la bióloga en una ronda de cerveza; la muchacha no dejó que las bailarinas le comieran los dulces y se aferró a un Emeterio vencido aunque consciente de su papel en la cadena alimentaria. Con la punta de los pies dibujando un mapa de antiquísimas seducciones la estudiante insistía en una sensualidad del último grito. Emeterio conocía este juego, él lo había inventado en el principio de los tiempos durante el invierno más terrible en una oscura taberna de Washington Heights. Ahí trabajaba mi madre.

La contorsión de su boca se adueñaba de todo el rostro. Las manos cerraban el cuello de la muchacha soliviantando los mechones azabaches. Me bebí la mitad de la cerveza helada en tres tragos, sintiendo una bofetada de llovizna pesada por entre el enrejado. Sin inmutarme quise imaginar el cúmulo de vocablos obscenos que un agotado Emeterio de Goncalves colocaba en el oído de su víctima. Prensé la pierna del pollo con tres dedos, ahogándola en mayonesa. Supe que el único remedio era acabarlo.

La muerte no llegó esa noche. Contra todo pronóstico, el diluvio se espació en una tregua efímera instalando una suerte de bochorno en medio de la ya madrugada. Estuvo decidido: Emeterio pasaría el resto del temporal en casa de la muchacha. Con un gesto mínimo, ella sugirió que era una buena idea que los acompañara. Aquella persuasión no intranquilizaba a Emeterio, quien en realidad ya estaba arrastrando un poco el final de cada palabra. La lengua se le movía parsimoniosamente simulando un trozo de pan mojado.

La casa era grande y llena de ventanas, de techo demasiado bajo, por lo que atesoraba un calor que una fuerza maleva y centrífuga repartía equitativamente. Entré al baño a darme un pase, y al salir, la chica me reconoció el gusto en una esquina de la nariz que no pude salvar. Sin una palabra extendió la mano, rogativa. Sin respirar; masticando las muelas, reconociendo sus ojos por segunda vez, le entregué la pequeña bolsa y el casquillo de una papermate. Buen provecho, le dije, calculando la tesura del *derriére*, el olor a monte calvario de la grieta perspirada; la espalda larga, de vellos trigueños; adiviné el resto de los pezones acaudalados del color de las espigas maduras. El sonido de las inspiraciones lo dijo todo y sin cerrar la puerta del baño dejé resbalar la fuerza de mi antebrazo hasta abarcarle el vientre. Pulsé todo el peso de mi centro, proponiendo. Ella se dejó hacer y hasta guió la mano libre por entre aquella espesura. Nos reconocimos en el engendro de dos cabezas acrecentado por la bombilla del espejo. Rescaté la mano de la raja y me amargué el paladar. Vanesa, poseída por el ímpetu alucinante, encontró la bragueta y lo demás fue mordida y desconsuelo; gemidos, suplantados por resoplidos mediatos; íntimos.

Un radioreloj repetía las cuatro de la mañana; me tomó medio minuto ubicarme en la penumbra de la habitación. Afuera la ventolera que azotaba la flora se confundía con la serenata del aguacero. Encontré una pared que seguí con el dorso de la mano, confiado que me llevaría hasta la cocina. Activé un interruptor por reflejo y allí, con la barbilla seria reposando en los puños cerrados sin tensión, el profesor se debatía frente a tres rayas de cocaína. Movido por un resorte de centella y sin decir palabra inspiró una, dos, tres veces. Levantó la cabeza como si le nivelaran la nuca con cadenas. Aún conservo su mirada rota, aquel límite monstruoso que le redefinía el semblante.

No dije palabra. Salí antes de que rompiera la mañana. Mientras me dejaba empapar por la aspereza del chorro frío e uniforme, quise un café hirviendo. Reparaba en el nervio sutil de la ironía, consciente de que había nacido un plan para acabar con Emeterio de Goncalves.

III

El vicio nos hizo cómplices. Desde una esquina manipulé el semestre hasta convertirlo en frenesí. La directora del Departamento, ante el descalabro del hombre eligió entre perder el propio empleo o retomar la cordura. Para fin de año, Emeterio fue cortésmente invitado a dejar el campus. Aquel rastro insolente de implacable juventud se había proscrito de su rostro. Los ojos hundidos hacia los lados; la boca apagada; los pómulos marchitos. Interesantemente, también dejé la universidad por esos días. Estuve tan concentrado en la destrucción del profesor que olvidé mi solicitud para ingresar a la Liga de Arte, en la Ciudad Capital.

Tiempo después, ya instalado y gozando del prestigio intelectual de la nueva facultad, me di en la cara con la rozagante foto de los días gloriosos de Emeterio. El cartel en la puerta descascarada de un comedero típico que atraía turistas miserables, anunciaba un número de poesía coreada. Contrario a lo que esperaba, mi corazón se abrasó de memorias. Anhelé verlo. Medir hasta dónde lo arropaba la ruina.

Esa misma noche me procuré una mesa alejada de la improvisada tarima y frente a un vaso de ron, esperé pacientemente a que se me revelara el misterio de mi buen éxito. Paladeaba un segundo trago cuando las luces brillantes se tornaron tenues y allí, entre tres viejas obesas, escuché la voz replegada que recitaba poemas afrolklóricos con júbilo esforzado. Ensayé cómo mirarlo; pude ubicar en el semblante abatido, algún rastro de aquella su juventud inclemente.

Cómodo, saboreando el néctar de la victoria, esperé a que terminara el segmento para darle el abrazo de Abel. Extendió la mano temblorosa y podrida sin sorpresa.

Me había estado esperando.

Elegimos un tenderete con mesas que daban al lado de la bahía, desde donde se veían las murallas repletas de turistas uruguayos. Acaricié la copa con dos dedos mientras él esperaba a que se enfriara el café amargo. Por entre el ruido de la muchachada que marcaba el asfalto, me enteró del estropicio. Con la mano que le temblaba menos, señaló el parque en donde durmió tres meses; se levantó un mechón de pelo gris sucio amarillo para exhibir la cicatriz de una paliza que recibió un domingo: se acababan las celebraciones del Calcanhotto y un grupo de mozalbetes lo despertaron a patadas de un zaguán; tratar de espantarlos con el cuchillo mellado fue peor; así le hicieron la marca.

Confesó que hace años recibió una carta de mi madre, que descanse en paz.

La mesera regresó con cigarrillos y ofreció traer de nuevo la botella. Se quedó de pie un eterno minuto con la mirada fija en la chica que con un pañuelo marcaba el inicio de la carrera. El tronido de los aceleradores alebrecó a los viajantes que regresaban al autocar. Ni la policía puede con ellos, atinó a decir la mujer. Fue hasta ese momento que reparé en las ropas curtidas que mostraban sin pudor sus remiendos flotando en la osamenta del hombre; las uñas obscenas, carcomidas, que masticaban el filtro de un cigarrillo quemándose sin ansiedad, apoyado en un cenicero cuarteado. Interrumpí un valioso momento de silencio para dar la estocada final. Iba a preguntarle, concretamente, por el estado de su adicción pero no fue necesario; con la mirada ausente declaró la determinación que según él, lo estaba rescatando del averno. Tengo dos semanas quitado, por eso es que no quiero beber... el trago llama perico, confesaba, embelesado ante la botella que la mujer había depositado sobre la mesa. Me serví un poco de más, degustando la rabia ante mi posible capitulación. Al golpe del pañuelo, los autos despegaron con un temblor metálico en los fuselajes. Él organizaba un discurso que hablaba del perdón de todos los pecados, la reivindicación y el aguante. Me fue imposible reprimir o dibujar la repugnancia y el sabor a derrota que se anunciaba. No estaba perdiendo una batalla; la guerra se me iba a pique. Entonces, como chasco que se revela tarde, Emeterio de Goncalves comprendió lo que para él siempre se mantuvo en un delicado misterio. Constató que yo nunca sentí por él nada más que un oprobio, fortalecido por el paso del tiempo y la paciencia. Se puso de pie con las rodillas hechas aire, apoyándose sobre la mesa ante la certeza de la puñalada que a través de abriles fui empujando hasta abocarlo a esa fosa por donde se arrastraba. Antes de que pudiese reaccionar se lanzó en estampida hacia la avenida, quizás con la intención de alejarse de mí, del pasado que mi silencio y mi pequeña congregación de victoria le estrujaban en el rostro, acrecentando la bajeza; su ruindad. Reconocí, en la cara de la mujer del servicio, que se acercaba con la cuenta, la estupefacción ante el sonido del freno en el automóvil que regresaba, ganador. El periódico que cubrió el accidente deploró las carreras y la ineficiencia del servicio de emergencias que llegó como siempre tarde, convertido en la antigua ambulancia de sirena sorda con un húmedo destello de luces tenues, opacas, e imperceptibles.

Mierdópolis

a mí mismo me repugna y enoja
andarme entre tantas miserias y tribulaciones.
Boccaccio
El Decamerón, primera jornada

I

Se vio en medio del invierno exagerando las precariedades del autoexilio. Cuando las Torres dejaron de dar sombra se encontró sin apoyo en la casa del Upper Bronx. Lo peor fue que la madrastra nunca interpretó la desaparición del padre como un *casualty* dados los eventos, o sea, el Armagedón armado en Manhattan. Su madrastra ponía un disco de poemas en donde el capitán de *Star Trek* declamaba *First We Take Manhattan Then We Take Berlin* y se emborrachaba de ron puertorriqueño y decía que ella sabía muy bien que Eleutaro no estaba muerto sino que se había mudado con una querida colombiana que mantenía en Danbury, Connecticut. Las cosas terminaron como según la profecía y la madrastra terminó botándolo como a un perro porque él era lo único que en cierta manera la conectaba a ella con el pasado del marido que la había dejado como una ridícula buscando las listas de los fantasmas de las cenizas de *Nine-Eleven*. Se vio en medio del invierno sin calefón pero para nada triste. Al contrario, más contento quel diablo.

Así terminó en el apartamento de Queens. Los detalles se hacen borrosos pero la primera vez que visitó el edificio tuvo que asistir a una cena de esas típicas dominicanas. Los dominicanos en Nueva York cenan los sábados regularmente a las cuatro de la tarde. Se escuchan merengues y siempre hay un tío que pone un devedé con merengues ochentosos o comedias de, por ejemplo, Don Cuquín Victoria.

En la mesa de aquella cena en donde se estaba poniendo a prueba la capacidad del pretendiente a vecino estaba la dueña de la casa, de la cual no recuerda la cara; estaban las hijas, una rubita en sus veinte con cara de puta y otra en las etapas más crudas de la adolescencia y que se veía a la lejanía que era una bucha; en el otro extremo estaba el amigo que le había conseguido la posibilidad, se llamaba "Y" y había estudiado en Parsons, ahí fue que conoció a la chica que tenía al lado y que será importante en esta historia, Caspiana, que entre las cosas que la hicieron inolvidable está el hecho de que era albina y medía seis pies y dos pulgadas. Se dijeron las oraciones y de quien se está hablando de manera principal en esta historia, el escritor, puede decirse que deseó terriblemente una copa de vino. Él había llevado una botella de un vino de esos baratos, frutosos y espumantes que venden en las bodegas. Para ese tiempo él no sabía nada de vinos. Destapó el vino sintiéndose como de la casa y no se dio cuenta de que la ingestión de alcohol en la casa trajo de inmediato problemas. La bucha se bebió casi la botella completa y sacó otra botella ya para el café; la botella la tenía escondida en el cuarto; según la mamá ella no podía beber porque tenía una condición diabética;

a la bucha le dio un tembleque al quinto trago de ron y hubo que ponerle hielo en su parte y en las plantas de los pies. Le terminaron alquilando la pieza al escritor como para salir de él. La mamá no quería seguir dando espectáculos a extraños y además ya estaba por empezar Sábado Gigante.

La pieza estaba en el segundo piso del complejo y tenía que compartirla con la albina y una señora de temple serio que rezaba el Rosario todo el día, seis días a la semana. Los domingos la doña se los pasaba en una iglesia ya que ella formaba parte del coro y cantaba en todas las misas. La pieza tenía una ventana que daba a un bosque de árboles largos, alineados triangularmente, lo cual es un lujo en el Nueva York en donde todo es cemento y brea y hierro entre otras cosas. Aunque no hay cosa más grata que Nueva York en verano, hay varios merengues y sones que testifican esto. No se ha escrito una bachata de lo pintoresco y la gozadera que puede ser Nueva York en verano porque la bachata es para la tristeza. En cada bachata mata o muere un dominicano. El escritor se instaló en la pieza y lo primero que le molestó fue el silencio. También le llamó bastante la atención el hecho de que la pieza de la albina quedaba al lado de la puerta de entrada y era del tamaño de un clóset. Como al tercer domingo de soledad y desidia y silencio asqueroso, el escritor se atrevió a tocar la puerta de la albina quien abrió tan inmediatamente que al escritor le dio la impresión de que ella estaba esperando todos esos días para abrir de esa manera. Tenía puesta la albina una chaqueta verde chatré y unas gafas oscuras inmensas y cuadradas. El escritor, pecando de impertinente, indagó; quiso saber por qué si estando libre la otra pieza, ella no la alquilaba. La albina se defendió ofreciendo un té de limón y especificando que ella estaba de lo más bien en el clóset. El escritor pareció no entender y le preguntó que si no tenía azúcar de dieta; le dio pena porque los cubitos de azúcar morena se veían de lo más *cute*. La albina después confesó que por su condición no le gustaba estar cerca de la luz y esa ventana le hacía daño. El escritor dijo finalmente entender y prometieron verse única y exclusivamente dentro del clóset.

Con el invierno en sus buenas el escritor encontró un trabajo con el Circo de los Hermanos Coraza. Una noche de poesía en un apartamento de colombianos en Corona Queens, cantó una canción en portugués y después declamó un poema de un escritor por esos tiempos minoritario por lo maldito, su nombre, Pastor de Moya. Recitó el texto como poseído por un clavo ardiente. La gente creía que era sinceridad pero en realidad era hambre. El escritor se había quedado sin dinero y pasaba los días con una hamburguesa del menú de a dólar de cualquier franquicia y café y té, de los cuales se hartaba en las audiciones a las que iba constantemente tratando de conseguir papeles de tercera en producciones latinas en Queens y una que otra en Washington Heights. Uno de los hermanos Coraza, el mayor y el más feo, Santiesteban Coraza, le vio algún uso a la posibilidad de travestimiento del escritor y de verlo se imaginó un numerito con temas de Nina Simone y poesía de Kerouac y José Asunción Silva y Manuel Ramos Otero. Quería hacer esas cosas para las Noches de Burlesque que planeaba para el circo. Santiesteban Coraza era homosexual y le hizo los pases al escritor, que cedió sin problemas desde que le dijeron lo del trabajo y consiguió un adelanto esa misma noche de doscientos dólares que le permitirían pagar la renta y emborracharse ese fin de semana.

Las reuniones con la albina empezaron a sufrir debido al trabajo en el circo; esto la obligó a salir de su semiencierro para asistir a las funciones del escritor, a quien el numerito le quedaba de lo más bien en el Burlesque. Lo que no le gustaba a la albina era el manoseo que Coraza, el mayor, le hacía al hombre que a ella le gustaba. Decidió ese domingo la albina hacer su movida con el escritor y lo invitó a comer comida tailandesa después de la función. La albina le explicó, como por la cuarta cerveza, que ella se llamaba Caspiana gracias al mar Caspio. Ella vivió cierto tiempo que prefiere tergiversar en un pueblo bien raro. En ese pueblo estuvo a cargo de una mujer llamada Crepúscula, la cual le tomó muchísimo cariño y le escribió una fotonovela que hicieron juntas recortando cosas de revistas y periódicos y pegándolas con sanguaza de harina en trozos de papel de construcción. El escritor le preguntó si ella todavía guardaba ese álbum porque a él le hubiese gustado echarle un ojo y ella le contestó sugiriéndole unos camarones al coco, que ahí los hacían buenísimos. No hizo falta la octava cerveza para que Caspiana se enamorara cada vez más y más del escritor, que en verdad se veía bien bello con el rastro de la escarcha que el maquillaje del Burlesque le había dejado en el cuerpo. Ese día tenía un poco de maquillaje de más porque tuvo que irse antes ya que Santiesteban por poco le hace una escena de celos. Cuando la conversación llegó al punto en que el escritor le dijo a Caspiana que ella era muy grande para él (el escritor mide 5,5) y ella le contestó que en la cama todo el mundo era del mismo tamaño, era como para darse cuenta que la albina había ganado esta parte de la partida, que se daba al borde del ocaso del invierno nuyorkino.

II

La doña purgaba una pena. Resulta que toda esa devoción por lo católico radicaba en que, y este era su secreto, cuando ella se estableció en Nueva York a principios de los ochenta, no vino como otros compatriotas en busca de una mejor vida y toda esa nostalgia; para nada, ella venía de una clase económica media y pudiente y se había graduado ya de un instituto de señoritas técnico-comercial y todo eso. Pero se le cruzó un mambero en el camino. Un chamaco de Villa Duarte llamado Manolé, el cual formó una orquesta que pegó un disco único, pero ese disco pegó con tanta fuerza que en un arrebato de locura, esta muchacha de su casa, dejó su todo, incluso su hermana gemela que era como su otro yo, a la mamá y al papá, para venir a Nueva York. Pero todo dominicano sabe lo que esta ciudad encierra, así no pasó mucho tiempo la doña en darse cuenta del error que había cometido pero ya era demasiado tarde porque el error tenía ya cinco meses. Dio a luz a un par de mellizos que nacieron muertos ahorcados en el cordón umbilical por unas complicaciones que ella tuvo se dice que con el DIU. El asunto es que la doña cayó en depresión, mucho más cuando la mamá le dijo que la hermana andaba en malos pasos en la mediaisla. El papá le rogó que pidiera a la hermana, que se la llevara para Nueva York. Ella siempre cambiaba el tema de conversación porque en el fondo, de verdad, ella no quería verlos más a ninguno y secretamente abrazaba la idea de no regresar a la mediaisla. Por esos días fue que sucedió lo del famoso atraco al banco de la Avenida Independencia en Santo Domingo; entre los caídos estaba la gemela, que había ido a cambiar un cheque que le robó al papá para meter cocaína. La culpa arropó a la doña. Por eso va a pavimentar el camino a la ruina con tantos Avemarías sean necesarios.

En una reacción inesperada, Santiesteban Coraza despidió al escritor. A Caspiana, que le había ido de lo más bien durante el trasiego con el escritor, decidió jugársela fría y propuso asumir el pago semanal de la pieza, eso sí, dejando bien claro que sus vicios iba a tener que contentarlos él. El escritor, que ya había vendido el alma al Diablo, entendió que no había problema y firmó en piedra cien por ciento consciente de lo que escondía la letra enana de ese contrato. Para los vicios conseguía con los pequeños papeles que le daban en las producciones de teatro de pacotilla. Tuvo que desnudarse en uno de esos papeles y por casualidad el asistente de dirección le vio el tamaño de su portento y le ofreció mamársela. El escritor dijo que sí y eso pasó más de una vez pero no se hizo costumbre porque el escritor, que siempre andaba en la de buscar dinero, empezó a inventarse problemas y recetas o libros que necesitaba comprar y empezó a mangar al asistente de dirección primero con veinte, luego con cincuenta dólares y así. Sin quererlo el escritor empezó a vivir de una de las muchas formas de la prostitución extraoficial. Con la albina el sexo era una cosa rara y constante. A ella le gustaba muy poco la cópula pero le gustaba trastearle el culo, meterle cosas, afeitarle los contornos, excederse, cansarse la lengua con él. Como se ha dicho, el escritor había vendido su alma hace mucho tiempo. Se la vendió al Diablo mientras vivió en Santo Domingo.

III

Mierdópolis, la ciudad que él conoció, se distinguía por una severa distorsión en los sistemas sociales. Así lo explicó al padre, cuando, poco antes de las Torres Gemelas, él insistía en mudarse para Nueva York. "No aguanto la presión social. Aquí si uno no tiene un carro no es nadie. Si uno no conoce a un militar no es nadie. Todo es el trabajo y el tipo de ropa o el tipo de bares que se visitan. Que si un fin de semana en Las Galeras. Que si una Semana Santa en Orlando. Que si una Navidad en Montreal. No aguanto la presión social". Al papá le pareció una estupidez y una mentira. Algo había hecho él en Santo Domingo que quería desaparecerse. Lo cierto es que todo eso de la presión social era verdad pero pasaron tres cosas en específico que le definieron las de Villadiego al escritor. Primero: por esos días el escritor era gerente de una franquicia de restaurantes de hamburguesas en la ciudad, lo que le permitía excesos que él, redundando, exageraba. Tuvo transcurso sexual con una empleada a la cual dejó embarazada. Esa noche ella le confesó todo muy atribulada en medio de una fiesta improvisada en una estación de gasolina. Él aludió tener sueños y responsabilidades y que ese no era el momento para tener un muchacho. La jevita no podía casi hablar por una serie de sentimientos encontrados que tenían que ver con la vergüenza y el miedo y le preguntó que cuándo sería el momento adecuado entonces y él prometió, buscándosela como un verdugo, estar con ella durante lo del aborto. Pero como se comprenderá la jevita abortó y él le sacó los pies a los dos días; *¡puaf!* Desapareció como por arte de magia. Lo segundo fue otro aborto. Esta vez una jevita bien de su casa y todo a la que él le sonsacó los polvos, porque a él no había mujer que pudiese resistírsele; ni hombre tampoco. Un tipo con una sexualidad un poco atrofiada este escritor, pero él nunca iba a admitirlo. La segunda no quedó preñada por culpa de él, en verdad él se protegía siempre y mucho más después del percance primero, pero esta muchacha habló de un Método del Ritmo y de una supuesta alergia profiláctica. Hubo mucho ritmo y poco método, como se puede ver. A ésta él la dejó antes. Ella lo llamó la noche del aborto desde la casa de unos amigos. Ella se había jurado no llamarlo pero, aunque no hacía drogas, esa noche se fue en un viaje de ácido para bregar con el dolor. Porque los abortos también pueden doler. Pero el escritor no le cogió el teléfono porque estaba en una fiesta, con otra jeva claro está. La tercera vino a resultar una carambola de la segunda, ya que uno de los mejores amigos de la jevita del ácido, se lo encontró una noche en un puesto de hot dog en la Avenida Sarasota. En el hecho no hubo premeditación pero sí alevosía porque cuando el chamaco vio al escritor con otro pana comiendo a la borracha, pensó en las oportunidades y recordó la posesión de un bate en el baúl del carro. El chamaco andaba con otros cuatro amigos. Bajaron del auto y el chamaco se puso frente a frente al escritor; el escritor no lo conocía a él pero el chamaco había visto fotos y de ahí todo se vuelve cuadros de tiempo en desfase, pero hay trompadas, batazos, silletazos y sangre. El escritor cayó al piso y escuchó a un guardia de seguridad decir "No sean abusadores ya dejen eso así eso no se hace carajo". El amigo del escritor murió esa noche en la sala de emergencias de la Clínica Doctor Patiño.

El verano trató muy mal a Caspiana porque le dio una infección bien dura en la piel y con los calores la raquiña era vaina asquerosa. Se rascaba y la piel se le quedaba trabada en las uñas. El escritor no se alejó una sola vez y atendió sus precariedades sexuales lo mejor que pudo. Ella le preguntaba si estaba escribiendo algo y él le mentía que sí. Ella sospechaba que él se pasaba madrugadas enteras mirando fotos de orgías polinesas en el internet. Caspiana tenía asco de sí misma. La doña dijo que la iba a tener presente durante los cánticos.

La doña en secreto estaba bien segura de que la plaga que estaba acosando a la giganta albina tenía que ver directamente con la presencia del escritor, quien era una figura dantesca por lo sedicioso. Ella llegó a sus propias conclusiones y dijo que eso iba a acabarse pronto. Los signos del Apocalipsis se estaban mostrando bien claros y ella tenía que hacer su parte. Cuando se creía que lo único que le restaba a la albina era descascararse en carne viva el verano decidió acabarse, pero la doña le confesó a la giganta que la decisión estaba tomada y que para finales del otoño su parte en la consecución del Armagedón iba a cumplirse.

La giganta nunca iba a poder imaginarse cómo iban a terminar las cosas pero algo le decía que ella no iba a comer lechón esa Nochebuena.

IV

Ya era otoño bien adentro cuando el encuentro entre el escritor y Santiesteban Coraza dejó demostrado una vez más que dos montañas no se juntan pero sí dos hombres. Hablaron de cosas y Coraza, que ya era bien feo, se veía ridículo con las patillas pintadas de gris. Estaba enamorado y dejaba el circo y se iba para Tenerife a pasar los últimos días con un chamaco con el que estaba chateando y que supuestamente era *diyei* en Ibiza. El escritor lo escuchaba como durmiéndose del hambre. Las cosas no iban bien en el parnaso; la vieja había empezado a tratarlo, a querer ponerle conversación a altas horas de la noche. Se excedió en devociones y ahora no dormía más que tres horas ya que se mantenía en un Rosario constante. El escritor se levantaba a media noche para escuchar el murmureo de las oraciones masticadas en la yugular y el olor a incienso y la mirra que quemaba Caspiana desde una lata con hoyos sujeta a un alambre dulce por los lados; sí, la giganta albina se había unido al culto porque, al mejorársele la saranana del cuerpo, la vieja la convenció de que esa era nada más que la salud que le da al que se va a morir, y entonces para completar tuvo que ir a la farmacia de golpe para comprar una prueba de embarazo y comprobar la fuerza de las coincidencias, porque no había sido sino hasta hace poco que el escritor la había convencido para que se dejara penetrar. Supuestamente a ella también le daba alergia el látex y ¡*snap!* El fin estaba cerca y el anticristo, representado por el escritor, según la bendita vieja y los últimos acontecimientos, lo estaba acercando mucho más a ellas. Pero ellas, juntas, tenían que verlo como una oportunidad ya que esto las certificaba como elegidas para que pudiesen poner a prueba el brazo de la redención, esto es, que si ellas aniquilaban uno de los ángeles de Jezabel, estarían poniendo a Dios alante.

De haber tan siquiera sospechado estas cosas el escritor hubiese puesto pies en polvorosa pero, aunque las señales de que algo se estaba cocinando rebosaban la paila, las distracciones pudieron más. Así de distraído se dejó dar un beso de despedida de Santiesteban; la única manera de escribir ese beso ha sido usada tantas veces, pero hay que decir que el beso le supo a ceniza y ni siquiera ese dato pudo tomar en consideración el escritor para darse cuenta de que el fin estaba cerca. Precisamente a una semana de distancia, ya que fue durante *Halloween* la fecha del crimen. El escritor se sorprendía tecleando a altas horas de la noche, como llevado por el ruido de pasos susurrados durante las madrugadas. El constante seseo de los rezos, multiplicado a mandíbula batiente por las mujeres, lo levantaba en un vilo sabor a menta que llenaba la habitación de estímulos y formas retorcidas que intentaba infructuosa y nauseabundamente, organizar en párrafos y piruetas de sangre. El agente que encontró los tres cuerpos sacó a relucir en sus notas de investigación que le llamó la atención el pietismo que reinaba en la pieza del escritor. Además de una muda de ropa blanca incluyendo la ropa interior, la única posesión del occiso era un álbum fotonovela, con tramas montadas al parecer por él mismo sobre un collage de rostros segados; y anotó "al parecer" porque el objeto en cuestión estaba empapado en la sangre que manaba de la incisión vertical profundo que atendió la vena femoral de mala manera. Poco antes del final, el agente guardó para sí la única frase legible en la portada del álbum, "Los cuerpos estaban desnudos al momento de la derrota".

Monociclo

para Luis Negrón, con ese estilo, con aquella lengua

Después de esquivar una motora el maratonista casi se lleva de encuentro al ángel. El ángel no reconoció de inmediato al maratonista, quien en la confusión recurrió a un falso fraseo de *Smells Like Teen Spirit*, la versión de The Bad Plus. El asunto era de un snobismo… Entonces el ángel entendió y algo atribulado le extendió la mano y apagó todo esbozo de sonrisa; el maratonista ofreció la suya arrugada y envuelta en sudor, de seguro el ángel pensaría que estaba apretando una pasa enormizada por la inundación.

Helos ahí después de aquel beso loco en el Aquelarre, una barra chulísima del Viejo San Juan; tiene hasta piscina al fondo y eso.

El ángel aceptó un café y de inmediato se acabó el entrenamiento del maratonista, quien iba ya pensando cómo hablarle de *aquella* noche; quería escudriñar la memoria del otro pero no era cuestión

119

de delatarse. La noche del agarre fue viernes. Por cosas locas de la vida el maratonista –que es también escritor– fue invitado a una secundaria para que firmara libros y contestara preguntas por unos cuarenta y cinco minutos. Cómo descojonan al maratonista/escritor estos encuentros. Frisa él los treinta y tres y vive sumido en una soledad sexual, *una racha de amor sin apetito*; un sin sentido. El escritor es un hombre ambicioso y eso es lo que va a dislocarlo.

El maratonista se quedó jugando con la taza vacía; haciendo el ridículo. El muchacho cambió para cocacola; no había dicho palabra y el maratonista trajo el tema del monociclo; claro, no le iba a confesar que cuando lo vio casi se muere. El escritor pensó en un cuento que se llamaría, *Un ángel en un monociclo y el atardecer*. Dado que el escritor publica estos relatos en ciertas revistas pensó que el título podía ser considerado una excentricidad pero pensándolo bien, luego de que el muchacho fuese tres veces al baño y el sudor frío y etcétera, o sea, lo que le pasa a una loca en el vestíbulo terrible de la madurez, enloquecidamente enamorada de un chamaco, el escritor se dijo, "Paciencia rufiana, que se te baje la nota de la emoción, aquello fue solo un beso". Bien dijo eso y pensó en la noche del Aquelarre. Ya quiso besarlo de nuevo y para siempre.

La noche del Aquelarre el muchacho lo vio cerca de la piscina y se acercó sin acercarse. Entonces quien no lo reconoció fue el escritor, que tuvo que hacer un esfuerzo para sobreponerse a la rudeza intelectual del muchacho en los primeros quince minutos de la conversación. Luego pasaron dos horas en las que hablaron de gustos musicales disonantes; el asunto empezó por Glenn Gould y terminó con Fernandito Villalona. Sí, así de buenos iban los menesteres. Hablaron aquella noche y se emborracharon con una botella de vino chileno y dos leños que enrolaron de camino al

Morro. Allí fumaron, jugando a que todavía estaban en la piscina del Aquelarre. Fueron dioses; los astros eran el enemigo.

El ángel del monociclo se excusa con solemnidad y dice tener que irse. Antes le jura al escritor que van a verse; aquello tenía el tono muerto de la esperanza caribe. "¿Qué vas a hacer mañana a las ocho?". A la pregunta el maratonista canceló todo entrenamiento posible y el escritor quiso creer en el destino, en destellos del otro lado de la boca del lobo; la ficción comenzó a bregar y aparecieron playas y picnics nocturnos y cervezas y más besos. El escritor recordó que aquel chamaco de seguro no llegaba ni siquiera a los diecisiete.

El ángel era un joven leidísimo y difícil de impresionar pero el escritor tiene también sus encantos. Sabe y no es un defecto, que su ambigüedad sugestiona y le va muy bien con ese ego de *performer* en ciernes y de artista Wikipedia, pero artista al fin. Se sabe entrevistas de memoria –física– con escritores como Oliverio Sabino, Ricardo Zelarrayán, Pepo Garrastazu; recita poesía; fuma yerba que se acabó. Si uno lo ve desde fuera podría decirse que lleva una vida bohemia. Le gusta mucho la carne fresca, de preferencia muchachas, pero el ángel del monociclo era cosa de no perderse; lo instigaba a pedir otro round; a querer morderlo.

Tampoco parecía que el muchacho fuese gay, simplemente estaba fuera de este mundo –obvio, era un ángel–. La noche del Aquelarre el ángel le dio un beso sin pedirle permiso y para el escritor fue un beso especial ese; aunque no es el primer hombre con el que ha cruzado labios, este beso era otra cosa, no eran labios de muchacha, tampoco de macho, era un ángel de escuela superior. El escritor no deja de preguntarse cuántas parejas de hombres se habrían abrazado bajo esa misma luna, en ese mar de grama verde, extensión del océano que entraba, proceloso, y partía en dos la barbilla de la Isla. Por la barbilla lo tomó el ángel y lo besó de nuevo, esta vez perdonándole la bemba superior con el bigote incipiente. El maratonista alguna vez se tiró a una muchacha en un 5k en San Lorenzo, en honor a Chayanne, el más grande de la música romántica, claro está después de Manny Manuel. Sabroso. La jevita del 5k no podría tener dieciséis; tenía una cosa de dulce de leche en los pezones, era como para joderse. Algo extraño pasó la noche del acalambre en la grama porque el escritor recuerda el mismo sabor a coco tierno que descubrió en el vientre de pelusas de la chamaquita pero en el ángel, a quien le sabía a ostia literalmente, todo.

En el salón de clases le hicieron tres preguntas; una jeva viéndose como de quince; bien dura. El escritor se mostró, a las respuestas se le veían las costuras y estuvo algo nervioso; quizás por eso ni se fijó muy bien en el ángel.

No podrán ir al Aquelarre porque está cerrado. El maratonista, que por ahí corre, dice él, sugiere la playa esta que está en Condado que se entra como por un parque de niños. El ángel afirma que sí que él sabe. Es la primera vez que sonríe y la loca se lo está creyendo todo.

No lo va a admitir y va a pensar en otras cosas; posibilidades. La capacidad de mordida de ese muchacho.

El muchacho nunca llegará a esa cita.

Había escrito dos libros, el escritor; una novela medianamente conocida y un libro de cuentos que había sido reconocido por un jurado. El maratonista y el escritor no coinciden, viven de a coñazos y eso acarrea depresiones intestinales, esto es, al maratonista hay noches que le apesta el arroz integral, quiere fumar pasto, quiere escuchar al The Horace Silver Quintet haciendo ese *little thing* al que ellos llaman *Filthy and Nasty*. Quiere pasarse un sábado así, entender que existe la posibilidad de un monte espeso o el atardecer en el Morro o ir a tomarse un café a Cuatro Estaciones solo por dorarle la píldora al escritor, quien está de acuerdo en lo del pasto pero prefiere, en cuestiones de pasar la nota, una roca en específico que hay allá abajo en La Perla, justo frente por donde entran los *surfers*. El escritor había venido en el 2004 a la Isla promocionando la novela ya mencionada. Se comió a Puerto Rico en dos tardes y juró mudarse; morar, morir, amar allí. Una de las noches cayó luna llena y precisamente apareció una jeva en un tugurio de nombre el Boricua. Para esos tiempos estuvo bien de moda Robi. El escritor, de manera consciente, esto es, con alevosía, pretensión y nocturnidad, se recortó y se hizo un estilo bien parecido a Draco.

La idea se la dio el tipo de migración, de casualidad con el mismo apellido del escritor, para colmo. "¡Ah Dios!, y qué hace Draco Rosa aquí". Al escritor le sonaba el nombre y juró googlearlo; poco después estaba enamorado de ese hombre; tenía como dicen los gringos un *mancrush* en el tipo. Quiso, por algún extraño motivo ser como él. Claro que eso era un disparate. Por supuesto que hizo el ridículo en Puerto Rico. Con todo y eso se consiguió una jeva en la barra esa y se fueron para La Perla. Ella quiso entender que él estaba pasando por una fase. Esas enfermedades son terribles; a todo el mundo le ha dado su Lucecita, su Rexach, su Cultura Profética. En fin, se tiró al tipo, porque tenía bonitas nalgas y la cosa prometía; además era dominicano, y hay ciertos aspectos –ujum– en que l@s dominacan@s no sabemos quedar mal.

Sí, es una vaina bien terrible y la llevamos en la sangre; se nos desacata en un sereno culipandeo.

Pero ni ese culipandeo ni esa sangre tuvieron efecto en el ángel del monociclo. El cuento que iba a ser de ocho páginas al escritor se le hizo cortísimo y no estaba en las de ficción. El corredor se quedó en un vete y ven de esos que coge cuando manda las tenis de correr y el cronómetro para el nosédonde. Pero bien lo dijo ese filósofo Willie Chirino, "Lo questápa uno...".

Se reencontraron en el supermercado. El escritor estaba como siempre manoseando los mangos para hacer tiempo y farfollarse un par de uvas escondido dizque para probarlas. Una malacostumbre que cogió cuando vivió en Nueva York. Allí también tuvo un tejemaneje con un hombre. Esta era una loca mala y se llama(ba) David. Tenía una enfermedad que según él no era sida pero tenía que vivir cambiándose la sangre cada cierto tiempo. Pero precisamente por cuestiones de tiempo, el escritor decidió viendo al ángel frente a los pepinos y sin atreverse a decir ni jí. "Pero si el comemierda ése cree que me va a venir de nuevo con el show de la brilladera de ojos y la falta de sonrisa y esa mueca que se le hace en el buche derecho igualito a Bruno McArthur en *Song for my Father*...". Qué va, el maratonista quería ir a tocarlo, caminar de a poquito hacia él –que estaba de lo más entretenido con los pepinos. El maratonista y el escritor tuvieron esta sola discusión dentro del cuerpo de la loca. "Que si vamos, que si no vamos; que qué lo qué". Otra vez haciéndole pasar el mal rato estos dos a la loca, que estaba ya para esas instancias parada frente a las calabazas –abiertas de par en par, cuestión de que el que va a pagar vea bien la amarillez y el semillero– parecía que iba de aquí para allá bailando la quebradita. Por fin el ángel se da media vuelta pero gracias a la Providencia no se voltea para este lado sino que pierde perfil para dar espalda y ahí bueno, perdimos también a la loca que le vio las nalgas pero sobre todo, una mata de vellos que le nacía al ángel desde los lados del cuello. Cuando estuvo parado frente a los plátanos fue el momento –se veía tan fresco, bajo aquel arcoiris de los esprinkeles de la góndola–. "Para volverse vegetariana tú; para tragárselo entero".

"¿Señor, me puede pasar esa penca de plátanos?". Y el escritor enmudeció; el maratonista repitió "penca", más bien como expresión que como palabra; la loca dio la cara por ell@s. "Bien que me dejaste plantado, chamaquito, aquella noche..."; tuvo la palabra sucia a punto de caramelo pero se la mordió para dentro como una inglesa. Y fue bueno, porque el ángel tenía la mirada perdida en el rostro del escritor; que se mordía del pique de que le hubiese llamado señor. Para bienvenir la ruina, se apareció la noviecita; nada menos que la hija de su madre que le hizo las preguntas aquel mediodía de desasosiego. La nena, más buena que comer con los dedos, atravesaba el aura de la moledora de café; llegaba con un cartón de huevos en cada mano, "Gringos o criollos?".

Es una chavienda esto de elegir.

A very special thank you to everyone who contributed to our campaign on Kickstarter. You helped make this happen. Without your love and support, this book wouldn't have been possible. This book is yours. 7Vientos hopes that you enjoy reading it as much as we enjoyed working to bring it to you. Thank you!

Voyeur Level
Zachary D. Martin
Terrence M. Jordan

Hedonist Level
The Vuckovic-Hunt family is proud to support this second book from Siete Vientos.
With love, George, Esther, Lena, and Tesla

Saturnalia

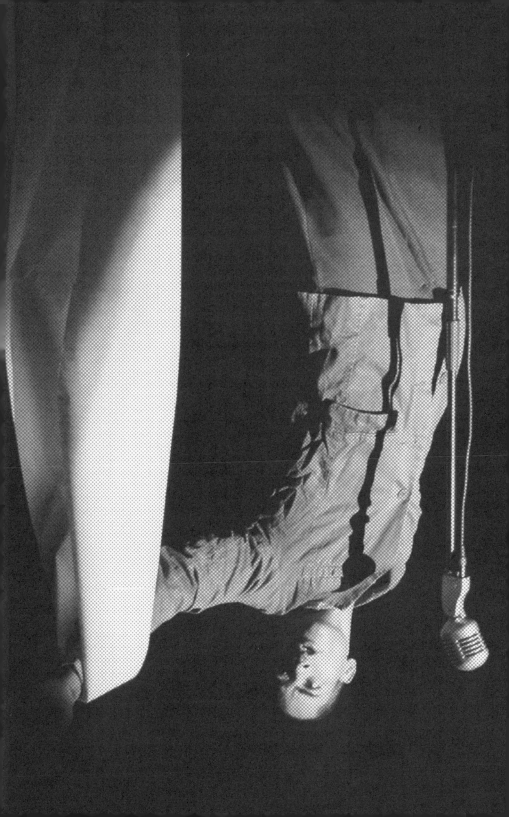

Saturnalia

Rey Andújar

Translated by Kolin Jordan

7Vientos

Bogotá • Caracas • Chicago • Ciudad de México • San Juan

Original Title: Saturnario
© original text: Rey Andújar
© edition & translation: Siete Vientos, Inc.
Originally published in Santo Domingo in 2011

Translation and Foreword
Kolin Jordan

Editors (English Edition)
Daniel Parra Álvarez and Boris Smirnoff

Cover and Layout Design
Carlos J. Matallana

Cover Art
"Bicho de fogo" & "Bicho da agua."
Woodcut print on paper. 2008.
Courtesy of Guillaume ALBY, aka "REMED."

Photography
Ariana R. Drule

© 2013
Siete Vientos, Inc.
Chicago, Illinois 60608
e-mail: info@sietevientos.com
www.sietevientos.com

Library of Congress Catalogue Control Number: 2012944375
ISBN: 978 09 8313 921 8

Printed in United States of America

DEEP CAMBOYA *is a place in which a man burns and is consumed, while he dedicates himself to the only thing that he wants to do in this world.*

Carlos Polimeni, Camboya Profundo: Andrés Calamaro Diario, page 12–Supplement RADAR, 3 June 2001

For Z.: This book is for you

Foreword

If there is still any such thing as a "Renaissance Man," Rey Andújar is it. An, actor, dramaturgist, philosopher, and scholar, Andújar's writing is imbued with vitality and authenticity even in its most somber moments. He is deftly able to collect and intercompare himself and his writing so that it's marvelously unclear where he ends and the stories begin.

As we follow Andújar's prose from the Dominican Republic, through Puerto Rico, to New York, and back, we are exposed to differences in language and culture that go beyond the superficial and expected. These are differences that attack the hearts of those that are displaced. In "Merengue," with its constant trips between countries—its lack of stability, consistency, a center, a home—this feeling is beautifully evoked when the narrator reflects, "that back and forth of spices can't be good for anyone," as if the differences in cuisine were sufficient to destabilize those unlucky enough to be sent away. It is precisely this disconnect that brings the stories' characters full-circle.

Saturnalia is the exploration of the self; a process through which all of us must go if we are to become fully realized human

beings, sharing this world with each other. It is often an exercise in existentialism through the prism of unwitting self-destruction. Love, hatred, friendship, drugs, sex, music, exploration, longing, revenge, forgiveness, and the feeling that you don't belong no matter where you go are all wrapped up in the succeeding stories. Andújar's true talent is most evident when, through his flawed and incomplete characters, the work culminates in as complete a picture of the human experience as one could hope for.

This, therefore, is not an enterprise to be taken lightly. And when you have a writer like Rey, whose every phrase is carefully and meticulously crafted to produce a specific effect, the chances of losing or abusing that artfulness are fairly great. I took great care to ensure that the feeling and tone shone through in their new language. It's been a hell of a ride. I hope you enjoy reading the following stories as much as I enjoyed giving them a new home in English.

Cheers!

Kolin Jordan
Chicago
February 2012

That Night, That Kiss

for Chandrai forever

People would say that that night was crazy but somewhere deep inside me I know it wasn't anything special because that memory doesn't strike me at all. It doesn't awaken any feelings of resentment and no, for me it wasn't any kind of a hiatus. I never attributed those deeds to the impetuous capacity that an excess of alcohol can have on a person. In fact you could say that I was practically happy that night. In those days I was living in Santo Domingo during the week because I had landed a part in a movie that they were filming in the city. I was there as the local casting director and on the weekends, that is, Friday night, I would return to Cabarete. There, L. was waiting for me. That summer I decided to ask L. to move in with me. Things were going very strangely because I don't ever remember having felt that I was in love. Even today Lachan asks me if I was in love with L. and I have to admit a severe change of heart because I can't remember love. Mostly what comes to mind is a bad aftertaste of tenderness affiliated with the pity for someone to whom you owe a mistake

3

or a favor. The night in question was special because it was the Robi Draco Rosa concert and I had VIP tickets. The concert was good. It was Lachan and I and Clauda, a friend of ours, who was there as an aid worker through an NGO. Anyway, we went to the concert and they gave us free beer for being there up front. The concert was awesome. We were pretty lit already when we got to the bar, La Parada, to throw back what was left of the night. The same dudes were there. The problem with that bar is that it turns into adolescence, meaning, a dangerous fetish, a bar you always want to return to. Parada has a terrible hook. Now I live far away and going back doesn't hurt my chest anymore. I swear in secret while unpacking that, although I may go to the Colonial District, I'm not going to Parada. Someone said the night always ends there, or that's where problems start. Parada 77 has tentacles and they take hold of your body and wrap themselves around your mind. I'll always have to go back to that fucking bar. That night is the silent memory among my friends. It turns out that Santo Domingo is a much straighter city than it appears. It can't be said that Parada is specifically a gay bar, but there the macho guys have to put up a fight because there it's always everybody getting together with everybody else. It would be a lie to say that at certain times that bar—at least when I was there—didn't transform itself into something very sexual and genderless. Basically, that night there was a guy whom I don't remember having seen before, but he reminded me a lot of a really good-looking guy who was with me at the Naval Academy. The thing is, the guy starts to play around like he wants to dance with me. The bar has its rules. It was fine that gays and lesbians went there. But men couldn't dance with men although women could grind up against each other in front of everyone until they were exhausted. The worst thing there can be in this life is an empowered lesbian. My friends are known for a bitter sexual ambiguity, which they still insist harping upon with actions that border on the pathetic. I've been there, maybe I still am, and that allows me some excess.

To think that they're still stuck in that time and in those dealings I've seen with my own eyes. Now nothing can surprise me. The problem that night was that the guy with beautiful eyes wanted to dance with me and tried to, but my friends told me not to fuck around; I knew the rules. Since I didn't give a shit about that, I let myself be seduced by the guy and his beautiful eyes. Dancing with him was like saying "Spaghetti Western" because things stopped not making sense. The crowd stopped chewing on the ice in their empty drinks and stopped the same pick-up strategies and sexual apathy. The delirium of self-satisfaction. I exaggerated the voluptuousness in his arms when the music stopped as if to command us to stop dancing. With malice, and remembering the only moment that Jaime Bayly had been a real man, I grabbed my man and instead of stopping, danced an *apambiche* well to the middle of the dance floor. I pulled myself closer to him, and he, to top it all off, kissed me. That kiss is what turns this memory into a point of reference for my relationships with my closest friends. That night they saw a man kiss me and saw me kiss him back as if my entire life were behind it. Because a real kiss, coming from whomever, should be tasted and savored with the same passion and the same bad faith with which it is given. Maybe that's why we're so anesthetized: our ingrained repression in this fearsome game of decisions. It's always beach or river, sun or moon, red or black, rough or tender. I kissed him back and from there on, I have to confess, not necessarily because of the drunkenness, things started to go by in a flash. I know there was tension, intrigue, discussions. There were bets. People made good on them. Voices insisted, "I always told you so." The only thing I can say about him was that he was a gentleman and I can never thank him for what that kiss gave me: the possibility of escape, the consistency of certain tastes, the awareness of who they really were, which ones, and how many. Now that I'm more alone than ever, I remember the importance of that kiss, the gossip and recriminations, the drama with a capital D. The wisest words came from Boris who

said, "Everyone turns his ass into a drum and chooses who's going to play it." I took that maxim to a place from which I've never returned. There are ropes that break, sources that we lose touch with. Nowadays, I go less and less frequently to Santo Domingo and to that bar. Years pass and I remember that kiss a little less each time, although nothing changes in the way we shake hands, the fake hugs, the empty promises of, "We should grab a coffee before you leave." We've lost our shame. We lost it forever that night in that kiss.

Mar and Macha Colón

The scene of the crime is a luxury apartment in Playa del Mar. At the end of the fifth year, as agreed, the bill counter can be heard making a "click" at the last bundle. Of the three people in attendance, two smile. All of them are certainly pleased. Emotions may be running high, but they're satisfied. Macha suggests opening a few beers or rolling a joint. If they do both at once, even better. The one that isn't smiling approves and loosens the knot of his tie. He wants to seem like he's relaxed. He's a man that has lost a ton of weight, you can see a few folds on him, but he definitely looks better with the weight gone. Everyone says so. They ask him what diet he's on. He doesn't respond. He has a needle in his throat. He had his teeth tied down with wires for a long time since they robbed the armored car that he used to drive.

Mar, one of the smiling ones, was the kind of lesbian that hung out in Duarte Park. When she came to Santo Domingo from Barcelona, she still had quite a body, but the heavy drinking and fried food at four in the morning didn't take long to round her out in a bad way. Mar is crazy when it comes to marihuana, so

much so that sometimes she'd go to Puerto Rico (her economic situation allowed her such frivolities) exclusively to go down to La Perla, buy some Percocet and a twenty worth of Kush and throw herself at the foot of the Morro, where sunset is the apex of violent color, sepia, shimmering kites of light in the wind.

Later, she can let the high decide if she'll go and meet up with a lover named A. and see if they'll spend the night in their pocket, in her other everyday life.

That Friday, Mar arrived in Santo Domingo in time to smoke a joint and watch the sunset and get a little fatter lying in the grass. She got a little fatter each time she saw those hard-bodied women with their fake tits running to keep themselves in shape and justify the Pilates and all that salad. Mar lived on breathing the smell of piss that emanated from the Morro's bricks and said, "This is a real country, Puerto Rico, these people are something else."

That weekend Mar couldn't see her Puerto Rican lover and decided to rent a hotel room in Old San Juan. She got a room because it was the low season. The guy at reception was a little rude. It was obvious he was doing something useless and he knew it. He also treated her poorly because she was a lesbian. He couldn't stand them. Feminists either. There's a story behind that.

The guy at reception realized that he treated her like shit and in the interest of avoiding his boss finding out about the incident, he apologized. The manager was what was known in Puerto Rico as a *bucha*, I considered that to be disparaging; it seemed to me that the woman's reactions were completely arbitrary. But she was very intelligent, a really good person when she wanted to be, and she had a nice laugh. Even still, "If she finds out that I said something stupid to a fellow congregant in 'The Sisterhood of the Closed Fist,' I could lose my job."

They called him The Locator because since he was a little kid he could pick up any instrument and tell you if it was out of tune and where. He knew every note that was being played. There was no one like Juani McClintock to tell you how things were. He liked to play the piano. When he was eighteen he was already playing with Guarapo Terengue, the *guaracha* orchestra that broke hearts starting in Bolivia, through Peru, through Quito, and La Guaira. In Curaçao they had to hire security for the hotels so the fans wouldn't tear them apart. People traveled to see them. They came from Switzerland; forty-seven Italians in one year had claimed that they had given them each at least one son. In England they were the biggest thing yet. Everything was going well but then cocaine came.

To stay.

The guy from reception gave her all the information about the gay scene to save her from a boring weekend. Mar looked confused and so he, knowing he'd messed up, really badly, offered to accompany her to the Aquelarre. That night there was a burlesque show and the chicks that climbed the curtains and brought down the roof were something else. On top of everything else, DJ Locator was going to be there. Mar swallowed dryly and said why not, although she still distrusted the kid.

Macha Colón saw her cross the floor and measured all the attributes of that dark young girl. The girl was probably twenty-two years old, from the Autonomous Municipality of Caguas. She had two dreads and dressed in clothes that were all from a shop for gypsies where they break all laws of logic and reason. You can see the relationship: price ≠ substance ≠ material. She smelled like patchouli and without a doubt her fridge at home was full of potions and basmati rice. You simply have to fuck her. Macha Colón studied her with her elbow on the bar and her ironed shirt. By ironed I mean starched from top to bottom,

11

silver cufflinks, and her top three buttons undone, a chain with a medallion of Saint Michael the Archangel and a gold Hindu ring. Oh, and of course one of those little gold bracelets on her wrist. Anyway, Macha was there doing her impression of Bogart in The Maltese Falcon when all of a sudden, before throwing herself into the conversation, the girl with sunken eyes, chubby arms, sweat on the tip of her nose, wide mouth, and large breasts, crossed in front of her and stopped directly between her and the Rasta poseur chick, ruining her plan of attack. "My name is Mar," said the Barcelonan with a Dominican accent. And that's where things started to go bad.

Why do people start to get it into their heads after two months to move in together? Things like getting a dog and naming him "Tim." Going to Costco.

Going to Walmart on Saturday afternoon can destroy any relationship. Going to Ikea means "fuck off."

That's how Juani McClintock—Locator—enters the story. He found he had a nose for coke and wound up telling the orchestra to go to hell. He moved to Isla de Culebra with two girls for a while and started mixing tracks in nightclubs. His academic knowledge of music helped a lot when it came to whatever he played there. When word got out that he'd be behind the tables he could fill any space. And that was how he wound up owning every night at the Aquelarre. He had kicked coke for a while. He accomplished that by smoking a ton of grass and only drinking wine when he drank. The nights at the Aquelarre didn't take long to reintroduce him to those little white lines. "It bothers me a bit. Maybe that's why I like it so much," he confessed to his shrink once. He also said that when he did a few lines he felt like a Cyclops' hand was scraping his face.

Macha was a regular fixture at nights at the Aquelarre. Once or twice the owners were on the verge of asking her not to come back (she hated drugs but loved rum, straight, no chaser. Of course she got drunk and did everything on the list of "things not to do when plastered"). She spent one night fucking this blonde chick with huge tits; she was the wife of a tourist. The gringo had gone to the bathroom for a minute and when he came back he found Macha grabbing his wife by the hair. It was a kiss straight out of a Mexican movie from the '70s. They fought, the gringo and Macha, like two badass motherfuckers. To tell the truth, if Macha hadn't already been inebriated, the other guy wouldn't have stood a chance. But the gringo beat her like a tambourine on Easter. Before the "Fatality," Locator showed up with a bat and worked it hard. From that day forward they were inseparable.

Mar didn't leave that weekend or the next. In Macha's apartment, overlooking the ocean, they weren't happy but they learned the art of quiet resignation. They weren't young anymore and reality had started to become blunt. The future was scary. Mar didn't think twice and moved to the Island of Enchantment. Leaving the Dominican backwardness was a dream that had been stealthily gestating for a long time. The blackouts, the lack of critical thinking, the lack of a melancholy philosophy in the classrooms, all the straight-edged bullshit when it comes to everything from drugs to sex... She had to leave that black hole and quickly. Santo Domingo was sucking her dry. She was fed up with the Colonial District.

Macha said she was an architect but in reality she lived on an allowance from her parents who were rich in Euros. Macha Colón, as if she were still a teenager, hated Gerencio Colón, the Pater Familias. It was obvious that this hatred was reawakened by the sexual condition of his daughter. The same as ever, she was the only daughter and her mother couldn't have any more children and

13

her father wanted a princess and she wound up being Spartacus. This made the feelings of worthlessness mutual.

Locator was skeptical of all things mystical until one day, leaving an after-party in Rincón, he found himself involved in a car accident. The five others involved died and he, except for his face slashed by the glass, was totally fine. He was held, abandoned, for two nights at the hospital. A missionary with hairy armpits read him the Book of David and helped him bathe himself. While she lathered the soap the girl sang hymns.

> "How sweet is the Lord's name / Fresh and clean I will be for him / His name is so strong / Fill me up, empty me of Him / His name is sweet / The name of the Lord."

From there it was a short step to Juani McClintock no longer calling himself Locator. He became a preacher with the Bible under his arm at all times. He didn't find peace, much less happiness in the word of God, but he did have sex four times a week. His lover, the Sister, seethed with a spirited and aberrated movement. For as evangelical as she was, she was still very good at exercising the rights of the horizontal body. Everything was going well. The fucking combined well with the Sister's culinary arts. Juani gained weight grotesquely. He got a job as a driver at a company that transported valuables.

The company belonged to the Colón family.

The family didn't like it at all that Macha had moved another woman into the apartment. Her mom didn't say anything but Gerencio took it personally and in the most heated argument threatened to take steps to remove them from *his* apartment. That night in the nest there were no stirrings of bravery. Macha never said, "Fuck him, I'll take care of myself." No, sir. Nothing at all. Instead of courage, the kind of grudge that doesn't let you

breathe started to grow in her. It was either she or Gerencio. That old piece of shit was going to pay.

One grossly humid night, Juani got home and was surprised that the stove was off. He called the Sister a few times but got no answer. An inhuman gasp showed him the way to the bedroom and there she was, a wreck on the floor. She explained, though her voice was cracking, things related to biopsies, results and unaffordable treatments. The possibility of death. Juani thought about the verse that destroyed him, "There it is, Lord, the diabolical morning breathing down my neck." Juani didn't count on the blessing of resignation. He needed the money for the chemo. She was the woman that baptized him in that bathtub reeking of death. He had to get that money. God wasn't going to listen.

Maybe it wasn't a coincidence, then, that Juani found the pair of lesbians leaving a store at El Escorial Shopping Center. The women didn't recognize Juani immediately. There wasn't time for reminiscing. They repeated their hellos and how-long-has-it-beens *ad nauseam*. They couldn't let silence get its foot in there. The man's obesity drew Mar's attention to her own. Juani talked about his desperate economic situation, about the cancer, the precariousness of the public health care system. Mar eagerly agreed. It had only taken her a month to realize that Puerto Rico was as backward as the Dominican Republic, maybe even worse. Nothing tasted like anything here. She had thought about killing herself numerous times.

Juani was her chance. If Macha wanted to get back at her dad, she needed to hit him where it hurt. Macha thought about trying to destroy his reputation, but Mar had said, "No, stupid. The rich are terrified about their money. You have to threaten his pocket. That's when you see them start to shake." Macha didn't want to understand but she did. Juani. The truck...

Everything started to fall apart.

The truth was that the Sister was getting worse every day and the prayers had worn on the patience of one man who, it has been said, didn't know how to give up. The offer came from the two of them. They had invited him over for grilled chicken and they saw how he demolished a whole chicken with three servings of seasoned yucca without so much as a breath. After drinking half a liter of iced tea and burping six times, he asked that they give him the date and tell him what he had to do. Oh, and they were going to split it evenly. Ah, but that was the thing. They weren't *really* going to rob the truck, it was an act. They wanted to be arrested by the police. The father, upon hearing the news, would start a scandal. Maybe he'd want to leave her in prison but it would give her mother a heart attack. That would fuck him twofold, the money and his reputation, too. There was a moment of doubt because they could leave Mar locked up, but with how she was riled up, with her obesity making her sick and with the seeds of the crime against herself, she said, "Fuck it," with that Puerto Rican lilt, that had started to stick.

The morning of the robbery, the man prayed after eating fourteen fried eggs. He repeated the verses as he grabbed the keys to the truck, "Along paths of honey and myrrh, he guides me / He steers me away from the poisonous twists / Sweet is *His* name / Sweet it is." The lack of fear and shame surprised him. It was as if going through with this craziness was remedying so many years of inertia, of apathy in the face of the atrocious. The violence excited him. He sang the verses now with all his might. He was euphoric. The girls, in their own way, were straight out of *Thelma & Louise*, very retro. They were wearing leather vests and dark sunglasses. They were carrying pistols so fake they looked real. They felt real, especially the sawed-off shotgun that shot rubber pellets. Macha was driving with the imitation nine-millimeter between her legs. Mar finally decided on the rifle. They chose to hit the truck in the middle of the day to avoid the traffic. Wednesday.

They didn't bother to plan escape routes because that wasn't the plan. In the end, everything would be fine because it wasn't a real robbery. The fat man would keep his job and with the money Macha had promised to pay him after all this was over, he could afford to pay for the Sister's treatments, since she was now bald and vomited at the mere smell of food.

Chemo has a way of withering the faith of even the staunchest believer.

There in the parking lot, zero hour came and the plan went perfectly. There were no police anywhere. When the fat man's partner entered the store, and he was outside, the women arrived screeching tires and screaming the usual, "Nobody move everyone on the floor motherfucker." And everything went so well, so real, that Mar, whose life sucked, decided to change the course of the plan and fucked up the fat man's jaw with the butt of her rifle. He tried to catch Macha's eye and their eyes locked with same look of, "What the fuck is going on?" Mar grabbed a couple cloth bags that were scattered about and spurred Macha into action with a, "Move it, bitch!" They got back in the car and left just like that. They drove at breakneck speeds. And no one caught them. Incredible country.

Juani, with all his teeth loose and his jaw dislocated and fractured in seven places once and for all understood the meaning of the words *Two-Faced*.

Juani was arrested and spent five years inside, two of which he spent doing physical therapy in the maxillofacial ward at the Medical Center. What he couldn't recuperate were the five teeth that Mar sent flying with that blow. The Sister died in that familiar way, with hope that was never requited. She never understood the fat man's problem. The sadness ended what the cancer had diligently begun. Juani had had his mouth shut with wires for so long that he forgot his appetite. Although his case was dismissed,

17

he didn't have money for the proceedings and he stayed there for his whole sentence. When he got out there was a message waiting for him. It was from Mar and Macha, to give him his share of the money from the heist.

They didn't catch them but Macha called her dad to extort him. Among the things they'd stolen were some recordings of a senator that could implicate half the island and Gerencio didn't have any option but to settle. The girls ended up well. They moved to an exclusive resort and dedicated themselves to doing nothing and spending their money on purchases from the Internet. They spent whole evenings at Costco. Sometimes Macha felt bad for Juani, for having fucked up his life like that. But she never went to visit him in jail. She found all his information and thought it only fair that when he got out, they give him his share of the money. Mar had no problem with that. And that's how Juani McClintock arrived at the apartment in Playa del Mar.

His confession states, "When they gave me the money I grabbed the door handle with two fingers. The fatter one asked me why I wasn't smiling, wasn't I happy? I had to swallow hard and I recited a few verses deep inside my head, 'Yours is the hand, Lord / You are the guide / Yours is the strength / Because sweet, oh how sweet is Your name.' Refreshed by the chant I finally spoke, 'I can't smile, bitch, because you knocked out my teeth.' I think that's what caused the euphoria and I took out the knife. When I saw myself slashing her, when I saw my hand covered in blood, that's when I finally came to."

When he finished with Mar he chased Macha all through the house. He finally caught up to her in the carport between a white Hummer and a cherry-red Mazda Miata. Juani McClintock, a.k.a. Locator, the news said, had the nerve to call nine-one-one from his own cell phone.

The emergency services, the police, and the rest of the world arrived on the scene forty-eight minutes after the havoc. They found Juani drenched in blood, with the knife still hanging from his hand, which was fractured from stabbing them so many times. His feet were dangling in the condominium's pool.

He swore he would kill himself.

Locked

based on a video by Quintín Rivera Toro

San Quentin, I hate every inch of you
Johnny Cash

Past and present come together in his face between the green oil of the bars. When I met him he still signed his name Quentin and he pronounced it in English, associating it with a director with whom I admitted I wasn't familiar. That time we spoke for two minutes; the theme was something related to masculinity, the new role of *man* in society. He got to the point. He explained what man was good for. After a nervous pause that I'd now like to forget, he pulled two envelopes from the wastepaper basket. He wasn't even thirty and was named after his father, though he signed it as I already mentioned. He didn't offer me any water or coffee as far as I recall.

"Inside there are instructions and money…after this meeting you and I won't see each other again," he said without breathing, while he decided the future of our relationship. Quintín, although

21

he no longer responded to that name, slid the glass door open, lighting a cigarette without going outside. By the looks of things, handing over the money and the instructions was supposed to alleviate the feelings of unease, but instead it sewed them into the severity of the moment and its peculiarities. In times like these, hope is a poison, although he couldn't know it, being so far removed from the world. Poor guy.

The thing that kept Quentin away from the nights of champagne and the cocaine of Ocean Beach shared his name. Mr. Quintín Aguabella was truly rich, that is, in Euros. He was spending his last days with Alzheimer's in a luxurious apartment in Santurce, a part of the city that is falling into disarray and finds itself now in the last throes of its vitality that the hopeless enjoy. The nurse dared to call and interrupt the young man during dinner. She told him that things were getting worse thanks to the stinginess of the neighbor woman who won't give her a break. The woman explained in detail to the silence on the other end of the line how the woman with no soul had taken it upon herself to make his father's life impossible. The attempts to plot an idea that justified the kind of vengeance that the woman carried with her were useless and the conclusion, it seemed, was simple: the witch meddled just to meddle. There are women like that, said the nurse a little before Quintín blurted out the news that he was leaving that very night to take care of everything.

The only solution was to get rid of her. The son resolved to do just that as soon as he could verify the harm that the woman's haircuts and her dresses were doing to Quintín, the elder. She was identical to his dead wife. This imposter's harassment wasn't going to allow the old man, with his nerves turned to smoke, to die in peace. I found out that the relationship between father and son had never been an easy one, but as he told me when he handed me the envelopes and showed me the door, that lady had to disappear. The image I retain is that of his face barred, his hand trembling with a spoon of porridge moving toward his father's

mouth. Meanwhile, his father, with a shaky gesture, repelled ghosts with the edge of his voice. It is those same features that I now recognize between the bars when they bring him to me, reserved but accessible, asking himself at which corner in his life it was that he made the wrong turn, when his relationship with his father went to hell.

But he isn't the only one with questions: in my cell, most nights I am mortified by the thought that the envelopes, the money, the hatred, and the instructions didn't amount to anything at all.

The Redemption of Mrs. Kentridge

The pain arrived, breaking up the week. It was Wednesday and Mr. Kentridge was eating at the Polo Club. Upon ordering the Fernet-Branca, he felt a stab of heat in the side of his ribs. He brought his hand to his heart to try to figure it out; so that, caressing it as if in question, his touch might soothe the painful fervor that was pressing on his torso a little—that folded him in a sweet desire to want to sleep.

A little after the scare, he breathed laboriously in the hotel suite. The first doctor arrived with a funeral air. He gave Mrs. Kentridge a very long bow while she embroidered without looking at her labor. Dr. Gaastra took out a long stethoscope from his impeccable black leather bag. He took a deep breath.

"Let's have a look."

While he auscultated the agonized mass, he commented on an unhappy and painful past. The phrases, although revelatory, held very little by way of reproach; they were composed with a bland confessional accent:

"...I would like to find a reason, truly: you saw me almost die in Malevosick... All those men, the tortured; now, the humili-

ation of the scars. And you saw it all without breaking a sweat, squinting your eyes to confirm the lack of empathy.... And now I am ushering you along, like Charon."

Mr. Kentridge opened his eyes slowly, taking the sensationalism out of the doctor's whispered secret; it could be said that that was his only movement, if you ignored the calm breathing. The pain would return shortly to confirm that he was still alive, although not exactly kicking anymore.

Dr. Boresnan approached sinuously. He saluted his colleague with a small tip of his hat. He bowed ceremoniously to kiss Mrs. Kentridge's hand. He held the gesture, letting her know how pained he was, how surprised, how hopeful...

He had brought his stethoscope, which was now hanging in position, and went to work. He didn't exchange glances with the other physician, he just sighed, and clicked his tongue against the roof of his mouth expressing a misunderstanding. Even still, the doctor managed to let Mr. Kentridge know the reasons behind the natural order of things, "...the most interestingly terrible thing about all this is that you didn't just know about the tortures, you took the opportunity to take pictures. The fear could be felt in your opticals, but your finger never stopped: you kept shooting, accentuating the offenses with the light of the flash. And now look at me here; all I'm missing is a hood and a scythe. '*Comment pourrais-je croire à la mort; puisque je sais que tu mourras un jour.*' Prévert."[1]

The pain returned to stay. Every breath was inhaling whiteness and exhaling tacks. Mr. Kentridge was dying. The first lady offered tea.

They passed the sandwiches, commenting without enthusiasm about Brigadier Chevremont's advance and the eventual taking of the city by his forces. In the final stages of a bitter conflict, the birth of the Great Haitian Nation of the Caribbean was a fact.

---

1. "How can I believe in death when I know that you will die one day?" Prévert

At that exact moment the Kagemura Dynasty's dishes stopped clinking; the chewing stopped halfway through the *churros* and hot chocolate.

It was the third doctor: he arrived determined, advancing with an unwavering force topped off with a wide, almost sincere smile. He came escorted by two assassins from the Secret Organization[2,3]. The S.O. would have moved Heaven and Earth to find the best doctor in the city, one who would pride himself on his discretion and diligence. The young and handsome Dr. Nasaro was young, captivatingly young; he had that milk and honey shine on his lips. For him, his time of tribulation was an absurd illusion: the world was wide open, huge, expansive. He asked for a *café corto*, black, no sugar. Mrs. Kentridge couldn't do anything more than swoon over him.

He didn't salute his colleagues; he dispatched them elegantly. The poor men, they understood and left with their tails between their legs, with the terrible pain of leaving halfway through their vengeance. The young man took out his million-dollar smile along with his stethoscope but he didn't put the apparatus on: he rested it in his left hand, positioning himself on edge of the gurney, and looked for the light that best suited him: he wasn't a doctor, he was a saint.

"Trust me, sir."

Dr. Nasaro returns the looks and the unease from the first lady. He takes the right arm of the convalescent man. He inoculates him. He takes the syringe out of the inert body with a caring calmness. Mrs. Kentridge abandons her embroidery: this man is far too handsome to waste in backstitch. She has to watch him and die for him; in him.

---

2. The Secret Organization is a criminal institution from That Time, the First. Its leader, Haramis Camilius, is a man who always wears a suit so starched that it shines, khaki gloves, and a pink patch over his eye. He is never without a hat; his perfectly groomed beard is fundamental, necessary, if you will.

3. Mr. Kentridge is an important part of the S.O.: he supervises accounts payable; he is a meticulous and lethal man: he kills with the wave of a finger.

Rey Andújar

Later, the phenomenon: Mr. Kentridge recuperates his color little by little and threatens to blink. Nasaro doesn't look surprised.

"We all hoped...we had so much faith, it was a question of not thinking...."

Mrs. Kentridge runs here and there trying to think of what to say, where to be. Mr. Kentridge gets better surprisingly quickly. The phrases try to form themselves from a memory...slow signals of noise and nostalgia spin laboriously against the roof of his mouth, squeezing, pushing from inside—it's a question of separating his lips, to condition them to the dance of discourse.

"Don't force yourself," Nasaro says. But it's already too late.

"I. To you, what did I do...when, how did I fail you...?"

The words come out tripping over themselves, but again with certain vigor, searching for explanations; in short, trying to form questions. Nasaro has his reservations. He tries to smile; moves his head, exercises his memories. Nothing.

"Not that I know of, Your Excellency."

"...Are you sure?" asks the sick man with heated force in the pain that leaves through his mouth. Later, the stabbing pain in his chest disappears, giving way to a mentholated truce. The doctor adjusts his tie; immersed in a beautiful confusion of fear and respect, he plays with the universe of fluff and small change in his pockets. He looks down at Mrs. Kentridge, who can't hide her pleasure.

Nasaro pulls himself together; he clarifies, "I don't owe you anything. We've never met before. The only way in which I've been close to you is through my admiration."

Mr. Kentdrige is skeptical of the miracle. Yes, the pain has stopped; breathing is no longer a feat. In an unprecedented gesture, the newly resuscitated man dispatches the deeply offended doctors. Nasaro makes repeated bows, always with his back toward the exit, ignoring the nightmare. Like lightning, the boss' left hand

28

raises filled with energy, recuperating the world. The hitmen detain Nasaro. From the firm left hand, one finger pops out, signaling. The voice is brand new. It has the aura of the Third Day.

"Make him disappear…so that not even the Devil can find him."

His wife drops her eyes. It's the only thing that the boy, who in the stupor of the *siesta* was either a son or her lover, is able to see before his mind splits open in horror. Mr. Kentridge orders a cordial and blinks. Mrs. Kentridge goes back to her task.

And returns to her knitting.

Terror

for RRS

I

I asked her, "How do you spell it?" and it was there that I could see her completely. Legna: her hair was a mess, curly on the sides framing her large eyes, and suiting her broad smile well. I started to fall in love with her when I saw her come in without saying "hi" to anyone and go to the back room and return as if her cross had been deposited. Evidently she had just taken a hit of something really good because she came out as a new person. Falling in love doesn't quite cut it; I was fixated on her.

Captivated.

That was Vito Marcelino's apartment. He was a *Boricua* whom I wound up visiting every Saturday because, after two years in New York, I still hadn't found a connection for my stuff and with him, there was never a problem. I met him that summer. He was the

lighting tech for a shitty theater in Brooklyn where I performed a couple weekends in a horrendous production called "Cinema Utopia." It was the easiest money in the world. It had to do with a teenager with a learning disability. I put on dresses, kissed men; I slobbered through the whole space lifting up my skirt and showing my nether regions. The audience laughed their asses off. On a break during the rehearsals, I met Vito in the theater's courtyard smoking some pot, and he offered me some. It was good stuff and I asked him if I could buy some from him. He told me that he'd get me some, no problem, and he called his contact. A wave of confidence washed over me. He invited me to a party at his apartment and that's where Vito Marcelino's episode began, and then came Legna, and further on the Terror.

New York didn't wind up being what I expected. For a while there I lived at the second-to-last stop on the F train, between Jamaica Plains and Kew Gardens, in an apartment that I shared with a girl who debated the ruin of her thirty-two years without prestige and a woman who cooked slowly, trapped in a memory of a third-world upper middle class and her forgotten offspring. The apartment was large but rundown and it floated in a tremendous hopelessness of mourning. A few times, I conducted underhanded business with the thirty-something, but that's another story. The old woman listened to tangos and *rancheras* on some Saturday afternoons that started at two o'clock with the usual chicken and rice for nobody. Later, a little before dusk, she'd say her rosary over coffee and stale cookies. After "Sábado Gigante," she would play a bunch of songs from the desert. The misery the songs imparted made her martyrdom that much more poignant. She delighted in them and in her pain just as one would enjoy one of Juan Rulfo's stories. Though surely Rulfo had finally found his peace with God in heaven. We were three ghosts, to be sure.

I arrived in New York with dreams that were shattered immediately after leaving JFK without a fucking coat, and a slice of January cut open my chest and filled it with pains urging me to

return. But to where? It had been two years and I hadn't planned on going back.

I got by. I worked at a cheap bar in Manhattan, I earned enough to pay the rent, eat poorly, and smoke pot sparingly. I started doing Latin theater in Corona Queens. Theater for aficionados, using hours that I stole from sleep: mediocre theater, often pathetic. "Well, I like drugs a lot," Legna said with half her face covered by the shadow of the lava lamp. The Puerto Rican had left to find some stuff and, lying on the cushions we finished off a bottle of Brugal Añejo. "Vito tells me you're a poet."

"I write," I admitted without avoiding the issue too much, without making eye contact. Her legs were long. Her skirt, hiked up, didn't leave much to the imagination. Her flat stomach, nice tits, square shoulders; the color of her skin was a pale olive. She was born in Venezuela but her parents were Portuguese. She stood up immense and lengthened her arm to touch my head. She smelled like the perfume of a clear forest. She found *Apostrophe* by Zappa and danced a bit. The light only illuminated her legs.

"And what do you write?" she asked while dancing. I didn't answer and downed what was left in the glass. I approached her dancing without touching her. Things could get fucked up right there but I stuck my head in a sponge of her curls that smelled like what I later learned was sandalwood. We had smoked early. We were going to smoke again when Vito returned. Vito had promised to get some really *potent* shit.

We danced for a while until she left again to get a drink and lay down at the window to watch Brooklyn's sun set. The dance was the vertical confirmation of the horizontal disaster, but there was a lot of groping and fooling around and that fooling around was promising. I managed the silence as well as I could. She broke it asking me if I had published anything. I said "no" without saying anything. Thinking about the half-finished novel on the table in my room—among the ashtrays, empty bottles, and

moldy coffee—made me remember the two women rotting away in the apartment. Two Dominicans in voluntary exile from the dignity of dying of loneliness away from the country making sure that the government cheese was safely kept in a big refrigerator. "New York" were still two words that formed a twofold prestige, an interrupted yearning. I served myself another drink of rum and lit two cigarettes. With my eyes closed I found a record of Captain Beefheart & The Magic Band. She closed her eyes and squeezed the filter between her fingers and smoked as if she were required to fill the dusk with clouds. I had no more than told myself that I was going to kiss her than I heard the clatter of the door. Vito Marcelino had returned saying, "Who wants to do some drugs?!"

Terror is an enigma. The first I'd heard about him was from the thirty-something from the apartment, who, one pious morning, allowed herself to be taken standing up in the kitchen. It was a question of lifting her skirt. We didn't have to turn on the lights, but the sense of touch doesn't lie and there was her ass all fallen with the misery of all those kilometers of cellulite. After coming twice we drank coffee baptized with Panamanian rum, the lights still off. She invited me to listen to music in her room. It was one of Terror's pirated albums, a song dedicated to a Vickiana, a cabaret star of decadence that had her fifteen minutes in the brevity of the '80s. Except for the guitar and the voice, everything else was dispensable. The brutality of the phrasing pursued me all the way through the morning. Few were the times I had heard an instrument so torn up as it was played.

The routine for the end of that summer was simple. The play ended and from the theater, we went to Vito's apartment to listen to music and get high. I decided to make a pass at Legna. Something about her, maybe the exaggeration of her mystical game, still intimidated me. That Saturday she arrived with beat-up

cowboy boots and a mushroom skirt that went well with Batgirl's utility belt where she kept a harmonica, cigarettes, money, and the stuff. She wore a white top without a bra, and smelled like wood and Zappa's albums. She did two lines of coke, and said while looking at the ceiling, "I am going to buy me a horse, just about this big…" And, after a small smile she started to hum the chorus of the song dedicated to the Dominican cabaret star. All I could do was stare at her and demand answers. Where had she heard that song? Who was this supposed Terror? What the fuck did Legna mean and how did she spell it?

The woman's sadness, I later learned, stemmed from the death of her daughter who had the bad luck to have found herself in the crossfire between the police and a bank robber in one of those more famous heists in recent Dominican history. I remember seeing the affair on TV. The girl's case caused a lot of controversy and they blamed the police asking how this could happen. They were supposed to rescue the survivors, and instead they ended up bombarding them in their ineptitude. The autopsy was never made public, so it was assumed that the shots came from the assaulter. She didn't want to know any more and took refuge in that apartment with a collection of trashy romance novels and the comfort of chicken and rice on Saturdays of a drunken stupor.

"Legna is Angel backwards," she said under her breath one week later, offering me her mouth, with which I played a little in anticipation, smelling her breath. She said she had a surprise for me and instead of putting on an album she went to the bathroom to wash her face and touch up her makeup, which she also kept in her utility belt. "Let's go out." I let myself be dragged behind her following the smell of wood and watching her walk along the wide sidewalks of Brooklyn. In one bar we had a beer where two guys were watching the Boca game. In another bar, two beers and shots of Jäger and we danced, sliding to the jukebox,

Happiness is a Warm Gun. Night fell and we arrived at a dark bar called Caña and we skipped the line because the bouncer at the door knew her. All of New York new Legna, except me. I knew so little of this city. Inside, she went to the bathroom to "powder her nose," while I bought the beers. As far as this city was concerned, I was a stranger. The smell of pot came from the back. There, too, a band tuned up before starting. And then I recognized the low tones, broken and high-pitched, in the voice that sounded the phrases as if the singer's heart were a foot inside an arid shoe. Legna ignored me and moved, dancing, toward the improvised stage while Terror beat the shit out of the guitar promising impossible things to the cabaret star with wide hips in the distant, ill-fated decade of the Dominican '80s. Later I learned that the man didn't sing to the woman, he sang to his desires of wanting to play that same concert on the colonial corners of his *barrio* and his *tígueres*. I learned that, regardless of how much they idolized the hip chicks in Brooklyn or the thirty-somethings in the disgusting loneliness of Saturdays on Union Parkway, he was going to want to return to that shithole Güibia, to the garbage on the beach of Montesinos, to the philosophy of Barra Payán at four in the morning, to the corner stores of Ciudad Nueva, to the possibility of robbery on Charles de Gaulle, or the motels with their flashing signs: Santo Domingo, a bite on the black kiss. The *Comala* that you hate in politically correct silence.

That night I let myself be intimidated by the certainty that the summer had ended and with it the nights of getting high in the apartment in Brooklyn. I would save, for a while, my desires to ravage the backwards angel. Maybe it was worth it, if only because that night I learned for real who Terror was; I could see his misery close-up, the diamond of his songs, and the acoustic carat of his desire to sing. It took the whole summer to understand that the only thing that drags immigrants here, in addition to their plans and the blind promise of progress, is basic anthropology. The affable sounds that connect our bones to the earth, our tears

to our nerves, the distance between what is said and what is done, the degrees of separation of the blood.

II

That winter I finished the novel, a confession seventy-seven pages long, on purpose, a sappy commemoration of the year I was born. A text written as vengeance. The sole intention was that my mother would read it and it would remind her of a few terrible things and inform her of others. To decry her absence. To hurt her. She appeared in Queens from Amsterdam. What was she doing in New York? Lots had changed since the attacks on the Towers. My aunt, Magda, had already tried to kill herself two times with Panadol and gin, and so my grandmother had to leave her little pocket of poverty in Villa Duarte and get on a plane for the first time in her life. My mom would be spending Christmas with our family in the South Bronx. When I went to see my aunt at the hospital, they—my Gram, Magda, and her husband, who was a Colombian named Amílcar—were quietly surprised by my rickety body, sunken eyes, tight lungs, and the weak hands of a guy in whom autumn doesn't sit well. I lost myself in Manhattan that fall. I spent hours in parks, in streets impossible to place, to externalize, but by just closing my eyes, if just for an instant, I could feel the smell of this or that evening inside me; the trajectory of a fallen Saturday; the aftertaste of every single one of the hangovers; occasionally, in gusts, the body of the thirty-something that snuck through the cold nights more calmly each time, giving herself over little by little, as if by coincidence poisoning all my nooks and crannies. I wrote in snippets. I re-read things as disparate as Galeano and Arenas with an indistinct fury. I let myself be touched at the bars. My mother entered this slovenliness and wanted to see for herself that aforementioned portrait of ruin. She announced two weeks before that she was coming. In those days

I was acting in a theater in Corona Queens, a production called *La Zorobra*. I dressed like a woman with five different outfits and had a threesome with a gorgeous Uruguayan guy whose last name was Aramburu and a dull Ecuadorian called Saquicela. I would invite my mom and sit her in the front row so she could witness the curriculum of the disaster. Rebellion had gotten to me, late, but it had finally settled in with the years of her absence, in the false maintenance of love through phone cards and promises to see each other over the holidays. My mom arrived and appeared at my apartment in Queens. She immediately proceeded to check my veins and look for signs of my vice in boxes. She turned the room inside out without saying "hello." She asked me what it was I was taking. She said I made her ill. How was it possible, after all she had sacrificed? Except for a superfluous stash of condoms, she didn't find anything. She asked that I please call her a cab. She was staying in the Bronx and, if I wanted to, I could stop by for Christmas Eve. And I went. There they spoke of my dead grandfather and I had a panic attack. I went to the hallway and Amílcar, starting to get drunk, suggested I quit cocaine. I wanted to tell him that I never used coke but he kept doing the universal sign for "sniff" and I realized that it was no use to try to reason with him. He asked me to stay but I said, "No, thank you." Before I left I invited my mom to the play and later to dinner.

The last wardrobe change of the night leaves me in a black and white tube top. She pretended like it was nothing but couldn't help but ask me, as I left the dressing room, if I intended to leave dressed like that, and I said, "Of course not, just let me retouch my makeup, I'm not going to go out looking like a crazy person." As a cosmopolitan woman who had lived almost her whole life among the displays in Amsterdam, she played her cards well. We went to a record shop and I bought the latest album by Charly, *Influencia*. She bought one by Lucecita, two of Sabina's and she gave me *Honestidad Brutal* as a gift, I had wanted to get my hands on that one for a long time. We went to eat at a Japanese

restaurant behind the Indian neighborhood in Corona, and there, to my surprise, we talked relatively happily. We were on our fifth beer when my mom asked me what was really going on and I immediately ordered two more beers and a hot sake and I told her what was up. I confessed that I wasn't doing any drugs besides the splifs I smoked habitually in the park. Was I drinking? Yeah, a lot of vodka, enough to do some damage. It wasn't the drugs and I wasn't losing my mind. It was sadness. A hard, dry sadness. Simple, really. It had to do with not grasping the city, but I didn't go as far as to tell her that. I left it at the sadness and then I added something about the novel. And how it was impossible to go on after that summer, where something happened that I couldn't truly put a name to, except by describing it through metaphor and an excess of adjectives. That was what I was giving her, the novel, and it wasn't even supposed to be published, it was just for my sister and for her to read. She put it in her purse and promised to read it and said that the sake was making her sweetly tipsy. I ordered two more beers and she begged me to go with her to Holland, or to Santo Domingo at any rate. In my aunt Magda, depressed to the point of attempting suicide, my mom had seen what the city could do to a person's outlook. "Go," she insisted again, and I didn't have to argue.

All that I took with me to Santo Domingo was a bag with the books by Galeano and Arenas and the little black and white dress, a wig, and the makeup kit I used for the performances. No sooner did I set foot on the little island than I realized the enormity of the mistake I'd made but even still, I stayed three months. The first week I was in Villa Duarte, at my grandma's house, and that became intolerable. Too many memories, especially the smells, the heat, and the mosquitoes. Additionally, the fear of being mugged had sewn itself firmly into the alleys of that neighborhood. The money my mom lent me was enough to rent a place in Santa Barbara, on the other side of the river. I met with my friends who

lived behind my place every now and then at the bars and after hours in the Colonial District. We bet that things had changed absolutely but we realized immediately that all the times that had past were better. I withdrew. I didn't look for a job. I only went out to buy pot from José Levi, a painter whose studio was close by. We drank beer together from time to time. I also went pretty regularly to a used-book store behind Mella Avenue. Sometimes I would get really high with a mixture of marihuana and cough syrup with Caradegato rum. Those nights I'd put on an album by The Smiths and take a long bath with resin soap. I'd put on the dress and the wig, do my makeup, and light candles in my apartment. And, looking out at the river, read stories by a Puerto Rican writer out loud. And then, doubly by accident, by Manuel Ramos Otero. I'd read them aloud again wanting to freak out the orphans and the aborted fetuses that he evoked. A few times I felt this persistence to go outside like that. The third night that I did it was the charm.

I always surprised myself by my ability to walk in heels. "You look fucking ridiculous in those heels, you *bicha*," Vito Marcelino had told me on more than one occasion. When I went out dressed as a woman, I thought about two things, Legna and Almodóvar. It's still strange to see a man walking around dressed as a woman on the streets of Santo Domingo, even today when it's been so exposed and declared openly. I walked through the night and the fascination helped me not hear the whistling and the laughter and the insults and the people saying, "Mother of God." A group of three *morenos* crossed the line and it reminded me why I had developed this sweet hatred towards all things Dominican. Who would have thought that that would still be the case, with all the modernity that has been instilled in us, in our desires, in our empty pockets, in all the malnutrition and illiteracy? It's true that, after the incident with those guys, I avoided the better-lit streets and clung to the oldest of the stones. But insulting them made me walk with my chest puffed up when I could

and a marching band playing in my head including rhythms like "Riders on the Storm," "Lorena," and "My Prince Will Come." The challenge was to get to a bar, order a drink, enjoy it, and then return to Santa Barbara along Puerto Avenue. I went into Ocho Puertas, a colonial house turned dive bar and as soon as I started chewing the first ice cubes from my rum and Coke I heard the same phrase and that voice that fucked with me all summer saying, "Tonight we're going to see if it's true that gas burns." I drank half of my drink in front of the bartender's broken smile that did a very poor job hiding his surprise. I walked through the slums until I arrived at the patio of the house to see none other than Terror on an improvised stage pouring rum on his head and spitting a mouthful of it onto his guitar as if it were a cock under one blue light and one green one that created a silhouette of how I would remember him a long time after that concert for a girl in a little black and white dress, the object of all the criticism and all his songs. That's how I would remember him all those years later when I moved to Cabarete where walking along the beach in that black and white dress would be the most normal thing in the world. That blue-green image in the darkness would be my memory in the summers in Santa Cruz, during the long nights in Santurce, Puerto Rico. This would be the long smile, eyes closed, ending all songs about suffering, including the morning that all the songs ended when the press presented him to us surrounded by flowers and death in a funeral replete with people who never really loved him.

III

Drunk on the spectacle, I left Ocho Puertas walking toward the sea shore and my excitement made me let down my guard. It was true that there weren't many people because morning was breaking but that didn't always work in my favor. The three *morenos*

from earlier reappeared as if destiny wanted to demonstrate its infallibility. The first hit with the bottle came from the biggest of the three who didn't even utter a word. The bottle didn't break but that didn't stop the sound of the glass contorting itself in my head when another of them came across my face with blow that screwed me twofold because it broke my nose—I heard the crack—and it made me hit my head against the wall. I stayed in a position that allowed the guy with the bottle to kick me in the face, between his heel and the wall. That burst my cheek open and knocked out three of the teeth on that side. I didn't scream. I played dead. The two that had worked me over so far asked the third if he was going to join in and they said, "Come on, damnit." One of them insisted and the other picked up the bottle, and this time it did break. I never lost consciousness. On the contrary. When I figured they were long gone a moan escaped me, I wanted to distinguish this way of being alive in this moment from all the others. I screamed for help, out of anger, out of surprise, all at the same time. Those are the things, the feelings that come to me. That, and the taste of swallowed blood.

I don't have any memory of the pain.

No one went to visit me at Darío Contreras during the three days that I was there. It was there I met a woman who was an Adventist named Elvira. I gave her money and she brought me two soups. Her son was there interned for three months with his jaw dislocated thanks to a car accident. He smashed his Honda Civic into an eighteen-wheeler on a drunken Sunday. She had the good sense not to mention God. She cleaned and brought me the little black and white dress but the wig was beyond damaged. I asked her to please get rid of the dress. She brought me her son's clothes. I didn't have to insist for her to accept a thousand pesos as thanks.

I worked for a time unloading boxes in a supermarket until I could fix my teeth and move to Cabarete. I never dressed as a woman again and I promised myself I'd leave that fucking country as soon as I could. I was a waiter in a pizzeria and I worked as a gigolo until I was able to leave for California, then Puerto Rico, never mind New York. I published two books, if only to experience another form of failure.

Accustomed to the ruin of the interminable nights at my job in the laundry room of a hotel in Old San Juan, one morning of insomnia, news of his death reached me. The doctors didn't spare any details of the deterioration of his body. They talked about his burst pancreas, the stressed aorta, they offered to preserve the liver to show it to the Guinness Book of Records. Ignoring all possibilities of coincidence I bought a ticket to the Dominican Republic saying I wanted to see his grave while his death was still fresh. It was an excuse. It was my way of taking my revenge on the memory. I arrived a little after the euphoria. Lavoe's song "Yesterday's Newspaper" never held so much meaning. I went to the corner stores. I drank in the neighborhoods. I returned to Villa Duarte. I smoked a joint and bought a bottle of rum and I stood at the wall where they had beaten the transvestite out of me. On my way to Cabarete, I went to the used-book store behind Mella Avenue and the same man behind the counter insisted upon selling me the anthology *The Jugular Narrative*. I wound up buying it and before I left, a blue-green book, bound by hand, caught my eye. It was called, *Give It Some Gas* and it was a series of interviews and stuff from Terror. I bought it as a romantic gesture and regretted it a moment later. The coincidences don't end. They feed the game that is this city. So many planes and so much sadness, so much wreckage, so much of myself run aground, just to prove that Terror never dies.

Superaquello

I

Eduardo arrived late, as always, at gate B2 of the Luis Muñoz Marín terminal for the JetBlue flight to Santo Domingo. With all his charm he extended his boarding pass under the gaze of the little Japanese woman whose eyes said, *Move it, all of you.* Once he was on the plane he flirted with the steward who wound up giving him two extra bags of peanuts and the telephone number of the hotel where he was staying that night in the Capital. Eduardo didn't pay him much mind and finally let himself be swallowed slowly by the seat until sighting the Dominican eyelash of land that split the pressurized window in two. He put on one of Tito Paris' CDs, *Ao vivo Lisboa*, and wanted to imagine Cortázar's stories, but the steward interrupted him again with a diet soda and begged him with his eyes, *Call me tonight!*

In his hotel, which looked out on the seashore, the writer, Eduardo Alegría, organized his papers galloping through the third cup, a little too full of rum without soda. When he had wisely organized

the next day (conferences, interviews, book signings), he poured himself another large drink. Mustering up some courage, he looked for Reinaldo's number to invite him to dinner and surprise him but he was the one that was surprised when the guy's voice on the other end of the line snuffed out his plans. "You should have told me, Eduardo... You caught me at a bad time, I have other obligations..." Whether it was true or not didn't matter to Eduardo. What hurt was confirming the suspicion he had felt since he was left waiting so long at the airport and finally had to take a taxi. *It's a good thing that this happen to me*, Eduardo thought beneath the barrage of excuses Reinaldo crafted in such a way so as to allay suspicion from the woman he was with. Eduardo came to his senses in the middle of a proposition that they see each other for lunch over the weekend and hung up the phone without saying goodbye. Before deciding to call the guy from the airline, he went to a bar in the Colonial District of the city where the craziest thing happened: already half-drunk, he asked this guy to dance a number of times until he finally accepted. It seemed that at this bar, Parada 77, dancing with another man was an affront. They even turned off the music. But the kid, who was as stubborn and drunk as he was, took him out to the middle of the floor to dance amid the critical murmur of the people surrounding them. They ended up kissing each other. They wound up getting kicked out of the bar. The other guy didn't want to keep the night going and Eduardo didn't have any other option but to return to the hotel and call the guy from the airline and propose, "I'll go over there or you come over here. It's up to you."

The next morning went smoothly and, mercifully, he didn't have a hangover. The conference was called "From the Inside Out" and the theme was a little thorny for the Dominican intellectuals that served as the hosts in the Camilius Auditorium at the Ministry of Literature. There were a few coughs in the middle

of the dissertation, precisely when Dr. Alegría talked about the social invisibility that homosexuals suffer in spite of the supposed openness attributed to modernity. The writer, author of two relatively well-known novels and various publications on theoretical reflections in specialized publications, supported by a lovely poise, explained that people knew he was a homosexual but the intention of political correctness had little to do with respect and more to do with fear. "People recognize the condition of otherness not as an element of rupture and inclusion, but rather as a barrier. That is, they identify speculation to separate themselves from the sexual preference of the *other*. The suggestion of equality is false. It wouldn't be a scandal to affirm, breaking from the state of other areas of the human sciences, that the balance of all the fights to establish gender alternatives have failed in the Caribbean."

Apart from the discomfort that was established thanks to these words, Eduardo enjoyed himself during the customary lunch that was presided over by the Minister, himself. A very handsome cinnamon-skinned driver in his thirties, left him at the stairs of the hotel and with a thirty-million-dollar smile, told him he'd be back to pick him up at five o'clock for the book signing at the university. Eduardo returned the smile with the help of the glasses of wine he'd emptied during lunch. He wanted to get a little tipsy to be able to overcome the burdensome conversation of this second-rate intellectualism. He knew very well that literature wasn't in those classrooms; it was in the streets. The same was true in Puerto Rico. In Cuba he'd seen something different, which was published in a collection of stories titled *Caribbean Noir* and for which he had won a prize from the Cultural Institute of San Juan. With that thought he decided to have a drink at the hotel bar before going upstairs to take a nap.

And that's when the encounter that would inspire this story took place.

Gonzalo Subirat was Chilean, originally from Santiago. He had arrived in Santo Domingo by an accident of airline timetables and lost loves. He had been a bartender and a poet for as long as he could remember. Three years ago he'd run into a Puerto Rican girl in Chile who was traveling with her boyfriend, well, with her ex-boyfriend due to the events of the night that they met. She ordered a "Mojo Soso," which is a mojito without a lot of alcohol. She found Gonzalo to be rather attractive albeit a little pretentious, which she ascertained precisely. The beautiful young man with the terrible afro, dark skinned and tall, with a voice as solid as his body, sung a song by Milanés and that changed everything that Sunday evening when the boyfriend had left her like a loser in front of the Central Bank. The dark man's song spoke of the cane harvest and earth and sugar blossoms, things that she knew very well. "Ultimately I'm Puerto Rican and we *Boricuas* know about sugar blossoms and machetes," she said, to assimilate the revolutionary feeling that was floating around. Gonzalo was lost in thought watching the man sing. She ordered another mojito to regain his attention and while he mashed up the mint in the bottom of the glass with the sugar and the limes, the singer said, "And now I'd like to invite a good friend and a great poet, my brother…Gonzalo Subirat, if you would…" The whole bar erupted in applause and he served the mojito to the Puerto Rican who fell in love with him on the spot but ended up fixated on him when he committed the cliché of reciting a poem by Benedetti that she knew very well and that spoke of the impossibility of looking at her with his eyes and his gaze that didn't do him any good at all, just as a light bulb, telescopes, and lanterns would do him no good, either. To make matters worse, the guy with the guitar finished off his set with the sung poem "Life on Mars," the version by Seu Jorge. And that's where pretty much everything was decided. Months later, Gonzalo arrived in San Juan only to realize that she had gone back to her boyfriend, the insipid kid that aspired to a degree in pharmacology. He spent

two weeks staggering around Old San Juan like a fish out of water. A delayed flight required him to fly to Santo Domingo on a Thursday like any other. And that gave him the opportunity to stay that weekend.

"And here I am, to this day," Gonzalo said to Eduardo, giving him a second Amaretto and another coffee. Gonzalo got off at five and it was a surprise to Eduardo that he'd read his books. Inevitably, Eduardo's ego inflated when he heard that the Chilean was his audience. He wanted to play at anticipation, something that was very unlike him. When Gonzalo repeated the time he got off work, so that they could leave and get a couple beers in any of the bars from the seashore on down, Eduardo asked him, "Do you believe in coincidences…?" Gonzalo didn't have time to answer as a poet, so he answered as a bartender by passing him the check with his phone number written on it. Eduardo scrawled his room number below his signature. He winked at the Chilean, a move he was going to regret, though he couldn't know it at the time.

They saw each other that night when Gonzalo, contrary to the hotel's rules, went up to the writer's room. They agreed to see each other again that night at a café called *Casa de Teatro* in the Colonial District. "I know it," said Eduardo, before pretending to deny him a kiss. He felt a little tired and he wasn't going to have time to nap before the driver appeared to take him to the bookstore where he'd be answering the same questions from the intellectuals that hadn't read his novels. But book presentations, in spite of modernity, continue to be the ideal place to have a couple glasses of wine or rum and a snack. He told the driver that he wasn't going to the hotel. He was going to take a taxi to the *Casa de Teatro* and the cinammon-skinned man offered to take him saying, "Do you really think I'm going to let you take a cab when I can take you…?" From between the sparkles of the man that peered at him out of the corner of his eye in the rearview

mirror he could see the semi-dark, miserable night with its hand out on the corners; the majority of the women and children were Haitian. There were more Haitians now since the last time he had visited four years ago. The general condition of the Antilles made him feel bad, but he composed himself thinking about Gonzalo's squared jaw and the possibility of kissing its structure. He tried to thank the driver with a one hundred peso bill that the latter didn't want to accept but ended up taking while caressing his hand, or at least that's what the one who entered the *Casa de Teatro* thought as if they'd rolled out the red carpet for him. He got caught up in an photography exposition in the vestibule but didn't waste time feeling like an old fat *loca* when he saw so many young people conversing in the space, so many fake tits, so many exposed midriffs, so much hair and so much brilliance. He almost went back to the hotel with a panic attack but Gonzalo saved him, bringing him a cold beer, asking when he was going back to Puerto Rico, and after the answer, confirming that they'd have to make it the best weekend of their lives.

II

The Mountain Poetry Festival is an initiative organized by a group of poets from the interior of the country. Every year, in the highlands of the best part of Central Cordillera, in a town called Jarabacoa, a group of poets gets together to try to insist upon the possibility of artistic ecstasy. *Although I don't agree with the absurd and hackneyed lyricism of these people, I have to attend, have to support them, have to get to know them*, Eduardo thought, lost in the vistas in the mountains and the greenery that his side of the window presented to him. Gonzalo suggested they take a trip and coincidentally the Puerto Rican writer found the event to be on his agenda. The writer, who had disposed of the driver's services, decided that they would rent a car to go up into

the coolness of the hills. The climate was dictated by a sky that was rotting and grey that went very well with the nostalgia the two foreigners were feeling on a casually crazy weekend on a tiny island that belonged to someone else. The radio offered things as disparate as Sabina and Depeche Mode. Gonzalo grabbed one of Eduardo's hands and bit and kissed it. They talked very little about the literature the Puerto Rican had written. The writer hummed all of the songs by Bob Dylan that appeared on the device's "shuffle" list.

There on the mountain, they attended the activities offered by the Festival with a minimum of interest. The writer excused himself in order to shut himself in the hotel room of the Pinar Dorado with the Chilean. Outside, it was raining and it was Saturday. They made love for a long time without breaks. Eduardo bit Gonzalo's muscles, he brushed his back, he let him pull his hair, he showed his teeth responding to an astral baritone voice that, with his bare arms open, seemed to ask him for an analgesic hug, a priceless serpent, the taste of minerals, both of them were more than two men measuring themselves without time in the mountains on a Saturday that got dark at three in the afternoon. In one of his breaths of love, Gonzalo mentioned that close to where they were was a city that was also named Santiago like the place where his memories lived—his grandma crying on nights while he was partying, her only grandson lost in the Caribbean.

> A flag with pirates' blood / The touch of spiders / A mystery entertained in the twists of the wind's voice / The man I want to tattoo on myself,

Eduardo sang as if humming a nursery rhyme, telling him without telling him that for as much as he'd like them to tear down the bridges, that the drizzle outside were the prelude to that subterranean hurricane that would rip the bridges from their embankments and cause blackouts that would close the airports

or winds that would confuse the plane's props, the reality of the situation was that on Monday he returned to an apartment in Miramar, San Juan, Puerto Rico where certain things awaited him: bills needed to be paid, *Two Centimeters of Sea*, an unfriendly cat, a short crime novel, the same bars and the same drama of the painful Puerto Rican transvestitism, and to top it all off, he, Eduardo Alegría, was going to leave all his literary projects to form a band that would be called *Superaquello*. And from there on, he'd sing songs that, although they couldn't do away with the sadness of knowing he was far away from Santiago, from Cuba, from Chile, from the Caballeros, they could trace a little path of breadcrumbs back to those two days of a Cibaenian weekend, wet, torn apart by the excessive sinews of coincident bodies enjoying the lack of reason, which the gods approved with splashes of light and thunder.

Reflex

The man will arrive at a house at midnight. He will be dressed all in black. He will no more than touch the doorbell and the shot will ring out. His finger will stay as if stuck between the button and the roar; a sound will install itself between his temples. His first thought will be to leave. But how? Someone might be hurt, but maybe someone else will still be holding the gun that will have already been shot once. That will put him in danger. A suicide? Too risky, he will think, and before his feet hit the pavement he will consider that if he takes off running like that, and at this time of night, it will be considered suspicious. Night will begin at three in the afternoon, which means that the cold will have set in severely by now. There will be no noise. It will be possible that the shot will have been heard through various houses in the area. The police will arrive and given his ethnicity and the type of neighborhood this is, he will have to explain himself. So he will decide to go in; if someone is hurt, he will help and that may not seem so suspicious. Exactly, he will go in. A while will have passed since the shot; whoever will have shot the gun will have surely fled by now. He will try the doorknob and he will

immediately realize his mistake: fingerprints. There will be various seconds of alarm. He will take out the handkerchief, which will have been bothering him with how stiffly it will have been ironed and he will scold himself, if he will be going to do this he will need to be sufficiently careful. He will remember his black leather gloves. It will not surprise him that the door will be open. He will insist a bit, forcing the wood. Illuminated columns will alternate between the curtains. The place will be impeccable. He will think about calling out the usual, "Hello…is anybody here?" He will think better of it; maybe the killer will still be with the body, delighting in his victory or considering the act as if it were something impossible. In that case he may hear him, and you will never know how someone who will have just committed a crime will react. He will keep telling himself that he will need to be careful. He will take a deep breath; he will close the door behind him making sure not to lock it in case he will have to leave in a hurry. He will climb the stairs quickly. On the right-hand side of the hallway there will be an inviting, defining light. He will approach it, being drawn in. Inside, the room will be empty of people and furniture except for one large white chair in front of the open window through which will loom a lukewarm and invisible madness. The next thing will be to sit and decide. The chair will be comfortable. He will stretch his legs. He will take off his gloves. He will rest his head, closing his eyes. The butt of the nine-millimeter will bother the small of his back. With his right hand he will weigh the gun. He will look it over. There will be one bullet in the clip. The only thing left to do will be to wait. A man will arrive at a house. He will be dressed all in black. He will no more than touch the doorbell and the shot will ring out.

March of the Zapotec

I

The taller one arrived apologizing. "I stopped to get cigarettes. Do you mind?" she added, packing the box with three strikes against the heel of her hand. The woman that had spent half an hour waiting for her was surprised by how easy it was for her to fake her "hello." A little before Larianna asked for an ashtray, Samanta shifted the creature she carried in her arms to prevent the other from snatching it up. "It's just that it will aggravate my asthma," Samanta Lorszinsky said while at the same time, dying for a waiter to rescue her or end her suffering.

The meeting looked exactly like the one they had arranged during indecisive evenings in front of the computer on the Internet, when one dared to send a friend request and the other waited thirteen days before responding with, "Why not...I'm the one with everything to lose."

Without lighting her cigarette, Larianna, very self-assured, spoke to the waiter who was getting on in years. He listened to the fine,

very thin, very blonde woman as if the gastronomic suggestions that she elaborated were a new gospel. The waiter left, taking two steps backward and returned sooner than immediately with a plate of toasted sardines, tongues of black bread, and a ramekin of apple butter. A little after Larianna approved a bottle of wine, Samanta deliberately took the little girl out of the stroller and, with her free hand, grabbed a Ziploc of cereal. "She's allergic to everything. Lately she only tolerates Cheerios but it's become an odyssey trying to find them here," said the one who is a mother, looking at the faded thin woman who tried to put the unscathed cigarette back into the box.

Larianna Lavastida's fine fingers caressed the stem of the glass and with all the venom possible she asked Samanta the girl's name and age. The mother responded to the undefeated woman. She dried the drool on the girl's mouth with a sun-yellow handkerchief. "She just turned twelve months at the end of August," Samanta said, pausing just enough, without knowing it, to hit her where it hurt the most. She recited the name of the bastard child, last name, everything. Larianna didn't hide her lip, deformed with hatred. "She doesn't have her father's name," said the woman who was most offended, after taking a sip of an Albariño that wound up behaving itself better than expected. They finally looked at each other, measuring each other up, established in misery. Larianna finished her glass. Samanta took up the challenge. The malice in the words of the distinguished woman who nervously looked at the letters pushed close together on the empty bottle. *When she dispatches the waiter I'm going to let her know how mistaken she is*, Samanta silently promised herself, swaddling the ugly, swollen girl, in the bottom of the pink bassinette.

The force that the two strangers encountered in that coastal town of summery agony had a face and a name. Maybe the only thing that the two heroines shared was the misfortune of thinking that they were loved by Jonás Marthan.

When Jonás Marthan decided to leave everything, including Larianna, alone in their little house in Milipitas, the city in the armpit of northern California, Samanta Lorszinsky was what is known in Puerto Rico as a *neogíbara*, a neo-Rican. She had been born in Orlando. Like her mother, Samanta spoke a form of English that was marinated in a mixture of a leafy Spanish from Jayuya and unintelligible glyphs. (Although it's in danger of going extinct, it still runs wild in the skirts of the Puerto Rican mountain range.) Samanta never knew how to say the correct word for "building" in Spanish, but rather said "*bíldin.*" For her, since she was little, trucks had always been "*troses*" and furniture was "*furnitura*". Larianna, a little while after finding herself abandoned by the man she swore to cling to, spitefully defined the dialect and mannerisms of Samanta as, "The worst kind of rabble, something even lower than dirt...." That's what she told a friend. She had also told this same friend, "Someone might hear the name 'Lorszinsky' and think that piece of shit is a person."

Larianna couldn't take any more, and before ordering the tuna encrusted in sesame with a spinach and squash puree, she said she was going across the street to smoke. "My lungs need a little of that warmth," she said, trying to be funny, but Samanta ignored her, ruining her. The waiter returned, changing out the silverware and napkins. The skinny one inhaled with the intent to tell the insipid bitch to go to hell, but Samanta reacted in time and asked the waiter if the calamari was good and how the steak *a la Maniatara* was prepared. Larianna excused herself through clenched teeth, with a look that could kill. It was impossible for the waiter not to feel the tension that reigned over the two women. The one who was standing snatched the ashtray and lighter. Samanta used the opportunity to order a salad of salmon, crab, and avocado.

The waiter started with his usual steps backward but before turning, before Larianna left deliberately to calculate how to finish off that insolent moron, Samanta told the waiter that she'd like her meat well done. "No, the girl won't eat anything, thank you," she finished straightening the blanket and putting her to sleep. Mr. Eurípides Astacio, with all his years in the service industry, felt obligated to let her know that the meat in this dish was impossible to cook that way. Larianna, still very much intent upon smoking, was stuck five paces from the table because she didn't want to miss the scene. She wanted to see her fail in front of the employee with pristine nails and bowtie. Samanta didn't give an inch. "That's how I eat it," she said almost arrogantly and serenading the monster, who, it seemed, had given a false alarm about wanting to sleep and was stretching its tentacles in sequence like a flea. Larianna would later say, while she was recuperating in the orthopedic and maxillofacial wing of the Veterans' Hospital, "That's when I came to the obvious conclusion that she was a ridiculous woman with no class."

Samanta shook her with her new look and voice. It seemed the illiterate woman awoke to the fact that she was immersed in a fight to the death with the bitch.

"*¿Y tú?* Weren't you going to smoke?" she spit at her in Spanglish. Larianna realized they were using the informal "*tú.*"

"Yes, yes of course," the skinny one stammered with dignity, conscious that this could only end one way: she would bet everything she had on it. *I'll bet on myself*, she thought, before the crash that the ashtray made against the floor, which disturbed the monster that lifted its head from underneath the pink blankets.

With her level shoulders, a few extra pounds hugging all of her thirty-three years, her hair cut a little above her ears and tinted a burnt bronze, Larianna Lavastida sat on the bench that was still warm on the other side of General Potomac Avenue to smoke the first of two. She was dying but the drags from the Marlboro

Red placated her sadness. What would it be to die? When they diagnosed her with cancer she drove around aimlessly, waking up only at the tollbooths. She arrived at a lake that wanted to be an ocean and asked herself if the sea would be there even when she wasn't. She thought of Benedetti.

Without going into too much detail, she more or less turned to look at the insipid woman through the business' windows, sampling the chilled wine that *she* had picked...because although it was seventy-eight Euros per bottle, Larianna Lavastida had to show Samanta Lorszinsky, that commoner, what it was to have class. "It was one thing to choke down McDonald's and another to savor it," she said aloud pretending to ignore her, looking at the bay, tormented by a mob of painted-up skaters who were being chased by a group of indigenous boys dressed as Boy Scouts. Her bony hand lifted half of the first cigarette and she thought that her plan to destroy the other's morale was coming together on its own.

A line of antique cars, lining up slowly, spacing themselves out along the length of the avenue, robbed her of her view of Samanta, who was picking the girl up out of the bassinette. It looked like she had started to cry when she heard the thousands of footsteps of the almost funeral march that filled the evening that, although there was no sun, was refreshing. It was the last Sunday of the summer and anguish had laid its eggs in landfills as well as the kitchens of five-star restaurants like Il Vento. "It doesn't matter how blue her passport is, that filth doesn't know what life is... how could she if the farthest she's traveled is Mayagüez?" From between the vehicles decorated with black garlands, exaggerated with frost, Larianna saw Samanta rock and caress the grotesque creature. She waited for the endless procession to move away a bit and with the avenue empty, she lit the second cigarette with the butt of the first and dedicated a thought to Jonás Marthan, whom she had once tried to mold into a person. "I took him to Rome. He ate real gnocchi in Rosario. We almost made ourselves

sick on *churros* in Guadalajara and there, under the protection of Our Lady of Guadalupe we killed ourselves for the first time from sex with love. And now this is how he repays me, by knocking up that disgraceful cow…" One evening, with a piece of ice in her throat, she confessed to her therapist that she never minded being supplanted by that *impertinette*…yes, it burned her up although she thought herself capable of overcoming it… "But when I found out that she was pregnant it put a permanent knot in my stomach."

Two drags before tossing the cigarette, Larianna put a foot on the deserted asphalt. The sound of the gold Mustang stopping, stirred up the chairs on the restaurant's terrace. A woman screamed, "My God!" freezing the Sunday in its most grotesque moment.

II

The restaurant was expensive, though casual. The guys in the kitchen cooked without fear and the waiters recommended the wine without pretence, almost indifferently, and they always got the palate right. The music came from a small stage that had been set up as an afterthought in a corner years ago; a Cuban-style trio harmonized classic Boleros made it impossible not to think of Bola de Nieve, Aznavour, Yoskar Sarante…the next set started with "I'm your man" by Cohen.

Neither of the women had heard of the place beforehand since it had miraculously escaped the bland reviews in the tourist guides. But Larianna, an expert in globetrotting, had run into a wise bartender who told her to go there with her eyes closed and eat everything they put in front of her. But her plan wasn't to eat…yes, the menu would have to be delicate, appetizing, but above all else expensive, very expensive. It was all part of her plan

to embarrass the hell out of the whore who had checked into a guesthouse with a toilet for a floor. She gave the girl her bottle, looking out at an alley full of used condoms, syringes, et cetera. What was killing her even more than the disastrous interview was the jet lag. She didn't sleep at all. When the little scarecrow fell asleep with her finger in her mouth, she looked fixatedly through the dirty window, trying to discern a mass of colors and letters crowded together on the opposite wall: "Kairiana I want to eat your pussy," was graffiti'd, according to the signature, by another woman.

Samanta had flown from Chicago. She lived there since the pregnancy and worked in a taco joint from Friday to Friday. Every other day and at night she was working to complete an Associate's Degree in Social Services, thanks to a grant from the state. She was starving, literally. It had gotten to the point that she was clipping coupons for cheese and milk. It was the equivalent of selling her soul to the devil. As a good Puerto Rican, that resonated in the very core of her being like the plantain spot that every *Boricua* carries.

At the same time, Larianna put the finishing touches on an investigation that she had been carrying out for two years as a visiting professor at the University of Leiden. After the "incident" that left her without Jonás Marthan, Professor Lavastida had furiously immersed herself in a dissertation on the revolutionary novel (1965) written by women in the Dominican Republic. The undertaking was Dantesque and required her to toil on a bibliography that was almost non-existent. It meant prolonged visits to a country that she had come to hate. Once, her burden temporarily lightened by some Malbec, she confessed, "There is no depression that a thesis, a hearty dose of marihuana, the beach, and David Bowie[1] can't cure."

---

1. Preferably Bowie from "Wild is the Wind." It could be "Life on Mars" with Seu Jorge...The Bad Plus also has a beautiful version of it.

When the two women, after avoiding each other like the plague on Facebook, took the decisive step, they promised not to avoid the subject of Jonás Marthan. You could even say that they tackled it with haste. They preserved their memory as one might save scattered stones in an amulet. Trips and anniversaries were remembered without celebrations. They knew how much that man hurt and forgetting that failure would be stupid. Accepting ruin takes us patiently to a calm that, even if it's not happiness, at least equals a bland tranquility, a calming haze, if you will, the gentle slope towards death, inexorable. What is destiny? Everything was useless because even the littlest thing reminded them of him. They dealt with the tedium, one of them by changing diapers and cleaning sleep out of the eyes that had the same magnificent grey-black color as his did, the same eyelashes of endless ebony. The other killed off her reminiscence writing stories for no one between essays and handbooks. Today in Rotterdam, tomorrow in Suriname, next month at a conference in Cartagena de Indias. Always getting drunk on whiskey in first class, always in a hotel room overlooking the sea, because she looked for him not only in the men and the women that kissed her in the airport bars. She looked for him in the slums: the weight of her tongue, the sequence with which she opened her lips like a fan and swallowed it whole, because although Jonás Marthan ruined her life it was also true that no one had ever mistreated her body sexually as sweetly as he had. He left and the trees dried up and the wind traveled in a round of leprosy. She asked for it and he gave it to her. Hard. But she wasn't alone in that absence of desire. In addition to the recollection of love, she shared a cardio-vaginal silence with Samanta. The absence of Jonás Marthan's fingers, his hasty teeth, the always attentive chameleon-like pain in their guts, his screw-like kisses, the scars from those fingernails on their thighs. Yes, Jonás Marthan was a scoundrel in every New Mexican soap opera sense of the word. But what a tongue (that has already been said), what a squared jaw, what eyes, what a full-body laugh,

what tight stamina, his mahogany legs that ended in an ass that retained all feeling of circumference and touch of elastic. With that much of the Caribbean in his body it was so easy to kill or die of asphyxiation, if only the week ended on Tuesday instead of Friday. To be another woman in another body in another city, in other books, *In Other Rooms, Other Wonders.*

Larianna, with her English jaw, her scant and square chest, graceless, dispatched the waiter, sending back the calamari. She finished the glass with a gulp in order to try to shrug off the start that the screeching gold Mustang had given her. There was a silence that she broke. "And the baby, according to you, it's not his...whose then?" Samanta, seeing how subtleties were being brutally swept aside, slid her finger down towards the wine list and, without taking her eyes off the one that looked malnourished, announced, "I think it's time we switched to red."

She's ignorant but not stupid, is what Larianna wanted to say but the Puerto Rican didn't give her the chance. "I didn't say that Jonás wasn't the father, you're wrong...what I meant to say was...." It was only then that Samanta Lorszinsky recognized the scheme that was being hatched. *I can't remember if we were being informal or not, we are now, and there's no other way forward. Not anymore.* The experienced waiter felt the air was souring between the two women, brought an order of *Chupines Marinara*, and left instantly. "I have some coffees to serve at that table and I'll be right back," the old fox lied. Samanta felt cast off like a shoelace in the middle of a landfill. Empty. She tried to muster some strength. "The girl is mine because I gave birth to her and because he didn't have the courage and that's why she has *my* last name but if he comes back, listen, you'd better believe that..." There, and not on "my," is where Samanta's voice broke but she stifled it because Caribbean women don't cry anymore. Larianna, not knowing whether to help her or to fuck with her, completed her sentence, "...But if he comes back you'd let him

see her, the girl…you'd say that ultimately she's his daughter."
Larianna looked for any other explanation even though there
wasn't any. Samanta looked at the little puff of wool that slept,
calm and fat, in the bottom of the carriage. But then, as if by in-
stinct, suddenly she concentrated on the dirty shard of a sun that
escaped the cloudy afternoon to welcome the autumn. She saw the
convertible and soulless stains that floated by like the straggling
part of a procession of hearses on the asphalt. The hundreds of
Zapotecas marched in celebration soaking everything in dejec-
tion. Two devastated women in a damned city, condemned to a
celebration of the advent of orphaned gods, of enslaved angels,
of one-eyed virgins, of hobbled paradises, of this united state.
Jonás Marthan and his red-hot touch, his slingshot pelvis, his
deep voice of a child who suffered from asthma on a tiny island
flogged by the International Monetary Fund. Larianna considered
poisoning her. *Take a little bottle of poison and sprinkle it on
her linguine with clam sauce. KILL HER. Who the fuck would
ever find out?*

Just like a good waiter, since that's what he was, the man
decided to rescue the younger of the two women because ultimately he didn't like the pretentious pseudo-intellectual one at all
and because he had a dishonored daughter of the exact same age
as Samanta Lorzsinsky. Breathing for his life he launched in to
interrupt them with a Marqués del Riscal Grand Reserve knowing
full well that, if the skinnier woman knew so much about gastronomic delusions, she wouldn't be able to repress the impulse
to contradict him. That's not how it worked out: Larianna knew
exactly what he was up to and when he presented the cork and
the label with all the paraphernalia and style, the more elegant
woman said, "Have her taste it." A dry, stony silence took hold
over the three of them for a number of seconds, but HA!, the
Puerto Rican came out of nowhere with, "Don't worry, sir, just
serve it is all."

At that moment, for Larianna Lavastida, the expression "like a house of cards" took on all the meaning it ever had or ever could have.

I know that I'm going to get drunk. Tomorrow I'll call Virgin Atlantic and I'll pay whatever they want for that direct Business Class flight to London and when I'm finally home I'm going to cry through my hangover that I wasn't the only one to escape with him. Who am I to talk about courage, anyway? What courage? What strength?

Samanta and Jonás met in Puerto Rico immediately after he had abandoned Larianna in their little house in California. That time is lost to fiction and can only be described through the metaphor of a drought of sexual appetite. "But the wound is mortal...I'm not alone, really; my loneliness is always with me", said the same friend who had introduced them in the strip club in Santurce. She spoke extensively about reasons and genealogy. Jonás didn't share his references, his circumstances. She, daughter of a wanderer, recognized the ashen cross that sweated on his forehead and fell in a cliché and offered him a private dance. They reached an agreement. From there it was a small step to mortification. They fucked everything up. She was still a child. She dreamed in Spanglish, was nineteen years old, and wanted to open a bar for seamen at a freight and recycling port. He drank coffee without sugar. Within a week they moved in together to a house with a Mansard roof in the nice part of Puerta de Tierra. No one could have been happier. The word "picturesque," at the time an idea is formed, would have been a good way to describe their situation.

One afternoon of syringes, joints, and Barrilito Rum, they decided to have a kid. Jonás opened his arms in a sequence of giants and windmills in the grass; everything was like an old French movie. Samanta Lorszinsky learned how to listen to jazz and caressed the idea while groping at his fly. The rest is this story.

Larianna got the waiter's attention and sent the fish back because it was supposedly overcooked. He glanced at Samanta hoping for a sympathetic look but came up empty, pathetic in the clinking of the silverware. The skinny one took a cigarette out of the box and, ignoring the waiter, a question of stroking her pride, she told herself that the other woman was acting like an idiot because in addition to being drunk, the spite was opening an outpost in her stomach.

III

"Depressions are good if you have the money to take care of them", Samanta wanted to tell Don Eurípedes, who represented the despondency of an entire dilapidated life in the service industry. *I spend my nights smoking and looking out of a window with a glass of whiskey in one hand and a pencil in the other*, he had written one time on his Facebook profile. Outside, the procession of afflicted veterans prepared itself to come back down the avenue and so finish the circuit of annual shame. The bastard child awoke with a screech that froze the restaurant. Larianna took it upon herself decisively to smoke. It was going well. She would finish her in the next round. This was her opportunity; it was now or never because lightning doesn't strike the same place twice and it was a lie that she was ever going to see her again ever after this. She needed to ruin her now. *When I get back I'll ask for the check and everything will go to hell*, Larianna told herself taking the ashtray and the pack of cigarettes. She let a little half smile creep across her face. She made a fool of herself. She recognized herself old and drunk, a candidate for plastic surgery, a poorly-fucked and broken woman, a woman ugly at heart. Ugly, nothing more. If Larianna, instead of leaving with an obstructive, filthy thought brought on by a desire to weep profusely, had listened

to what the waiter had to say, she may have come to understand the mystery that haunted that ghost town.

Taking a necessary liberty, the old man explained to Samanta and to the little monster that was quiet now, nursing at her mother's breast, that the celebration of the Zapotec was an old tradition. He said that, as the story goes, a trio of revolutionaries hijacked a taxi in Páez City and from there they insisted that they be driven to a communication tower because they wanted to transmit their message to the world, or rather, to the BBC in London, that the country was free and sovereign. The whole thing ended badly since they were shot full of lead by General Potomac's followers. That night, while celebrating, the General overdid it on Charles V cognac and died of a stroke. From then on the plan of corruption had followed uninhibited. "And the worst part is that those of us that it's touched are worse off in every sense of the word. What they're really celebrating is the death of the General. The Zapotecan rebels mark their victory. There's no history capable of refuting anything they say. Plus, another holiday never hurt anyone. That's the custom, anyway."

The procession unraveled a little and turned without splendor. Night had fallen and it was warm: halted halfway through the sky and the earth, in stale air. The makeup was smearing and the fifth beer wasn't sitting well. There were lots of bored Zapotecan children, celebrating ancient things that they'll never really understand. What was the motherland? According to Eurípides, an avowed Zapoteca in his youth, in order to say the word "motherland" you had to put a razorblade on your tongue.

Larianna lit the second cigarette as she always did and let herself be defeated by her sobbing in front of a couple that had paid a hundred Euros to demolish a sandcastle and take pictures. She imagined them loving each other in their hotel room. She thought of herself in the mirror, knowing she was waiting for the loneliness of the room's air conditioning. Larianna thought

about the recently married woman who kissed that lucky guy in the sand, and she imagined Samanta's face on hers and amplified her resentment. She saw him, Jonás, agile, hugging her enemy on the shore, pretending that he was going to throw her to the sand and all that horseplay...an Abel Ferrara movie. The sentimentality stirred up the wine, reproaching her for her drunkenness. At this point it was either admit that the night was over or order another drink. She stood up, brought the cigarette to her lips, and said to herself, *You're going to drink another glass of wine and you're going to take out your credit card and you're going to laugh in her face and that's where the story will end. Put a period at the end of that sentence, Larianna. You're the one that's going to decide.* She wanted to let herself be burned by the butt of the cigarette and she, smiling broadly, put a foot on the asphalt. The pink orb that ascended on its own and turned heads to follow it to its frothy end distracted her. She looked among the multitude of conquered, drunk faces, rented suits, toy shotguns, pyrotechnic abuses. She turned to look at the sky again and thought about the destiny and the trajectory of the balloon. Her eyes teared up. Her sandals touched the grass. From the median, the avenue started to revolt again, almost deserted. Among the ghosts she saw the shabby-looking woman talking to the waiter. The old man took out a black folder from his apron. It was the check. Larianna didn't think and she threw herself forward to prevent the debacle. At almost the same moment as her fifth stride, a little before finding herself in the middle of the road, the gold Mustang furiously returned. This time it stopped late. The ambulance was close by, so it didn't even turn on its siren. Only the dinner guests milled about around the victim. Inside, neglecting her own interests, wasting money, Samanta sweetly asked Don Eurípides to add not fifteen, but a twenty percent tip to the bill.

Caine

Plot: I spend the night in a hotel in Old San Juan. It's not that I live there. I work there from midnight until eight, all week. It's a killer of a shift. It stiffly desiccates your body. You start to feel the nights in your back. The days are ghostly. Contrary to what those who wake at dawn for pleasure think, it's during the day that we see the specters. Everything is worse if it's hot during the day. According to the meteorologists, the heat reaches its highest point at four in the afternoon. They recommend that people not leave their homes. If the temperature is higher than ninety-five degrees, fans don't do anything at all. You have to take care of your pets, of your kids; if you have elderly people at home and there's no air conditioning, "take them to the mall. Keep them hydrated."

For the most part, the dawn is quiet. Sometimes there's scheming in the rooms; usually some tourist appears with a local. It's a shift with fewer surprises than you might think, considering that the hotel is located in Old San Juan.

One summer night Caín showed up and things changed quickly.

Caín was twenty-two years old; his hair gelled to perfection, Italian glasses with the little logo in the corner, groomed mustache, his chest covered in crystals, golden gym shoes, and a French watch.

"Give me a room," he said loosening the reins a bit on his intrinsic Caribbean machismo.

"Yes of course I'll need your ID," I stammered with dwindling energy.

"The most expensive room," he said, without putting his hands in his pockets or anything. There were ten years between us but not even one between him and the girl he was with. He was accompanied by a chick that couldn't even be seventeen and was harder than cancer. Good enough to suck off of your fingers. "Is there a room or isn't there?" I could detect the tone of his voice: commanding.

"ID...please." I knew this was going to cause a problem.

"I have an arrangement with the manager. Call her." I glanced at the clock: 3:40 AM. I wound up giving the guy the room without thinking. Five minutes later the screaming starts upstairs. It was as if he were killing her. The hotel was almost empty. No one called to complain.

Working nights really fucks with your daily routine. The walls we erect to separate night and day crumble completely. Light can become something malignant. There are mornings that you can't sleep no matter how exhausted you are.

In my particular case, I have a system. It consists of taking naps and living with the door closed. There are two white lamps in the corners just in case. I spend four days like that until I collapse and sleep fifteen hours straight. How does it feel? It's like living in a bubble made of gaps; a constant jet lag. For this I have sacrificed what you might call a "Social Life." *I live in a world of ghosts and infinite mirrors. Impalpable and repetitive things, absurd casualties, a world of other fictions, just how fictitious is*

the fiction of someone else? Adventure doesn't always overcome fear.

I smoke pot. I throw myself down at the foot of the Morro to watch the sunset in ecstasy. I imagine other cities, the planetary system that comprises the hotel's rooms, the cosmology of my nights. I think about Christmas in Milan, about a marathon of Akira Kurosawa movies, about how long it's been since I've caressed any part of a woman.

After two coffees and having eaten something, I go to work. I'm surprised to find that my boss hasn't said anything about the incident with that guy last night. His name is Caín David, I find out. That part of the report is all covered with White-Out. Alongside it is a note that I am to call her immediately. She tells me the kid is a friend of hers and whenever he arrives at the hotel I am to give him the key, and that's it, whatever he says. "Understood?" she repeats and it's impossible not to notice that there's something in her tone. It's strange hearing her like this. She's neurotic and a schizophrenic control freak, if such a thing is possible. She can be extremely considerate most of the time, but she has these mood swings that can leave you wounded if you aren't careful. Even so, in this case she yielded strangely. Two nights later Caín shows up with another girl that, if you were to take the other one's face and stick it on this one, there really wouldn't be too much of a difference. Although, this girl here was a little more ordinary than the other one. How can I put this? You could still see a little of the *barrio* in this one. He, as always, looked as if they had made an adult sized live action figure from a bad *reggaetón* movie. This time the problem was that I took a while to answer the doorbell and open the door. "What's your problem were you sleeping in there or what?" he admonished me without breathing. A part of me that until that moment I didn't know existed trembled at the knees and apologized, as if he were my dad. I checked him in and the procedure was the same with this chick. You could hear the lack of refinement even in the way she begged him to give it

to her harder. She insisted obsessively that he give it to her with a sledgehammer.

Drama: I awake at eight in the morning bathed in sweat. There's no coffee. I take a long shower and leave for the supermarket. As I leave the house, a girl who maybe a year ago I gave a couple squeezes to upstairs, passes by. But I confuse her with someone else and I greet her glacially. Ten steps later and I realize that I fucked up. I buy a bottle of Barrilito rum, a pack of Panadol PM, and a mug of coffee. There's a new girl at the register. That's the problem with this supermarket. They're constantly changing their staff and I always get stuck with the cashiers in training. This one is ugly as hell. I have to buy some weed before going to work. I walk up the Alley but no one has any. I cross the avenue to go down to La Perla. That's where I get into trouble.

Rules for buying drugs in La Perla:

1. Figure out what you want before going down there.
2. Carry exact change.
3. While you're down there, forget you have a cell phone.
4. Don't make eye contact.
5. Don't talk during the transaction.
6. Buy it and leave. Avoid hanging out.

These rules aren't steadfast; they can vary depending upon the night and the situation. Use common sense. Things in La Perla, like the grass, change every day. This last thing is what caused me trouble. The words came out of the mouth of a shooter when he heard me say yes, I spoke "That 'Chinita' stuff gives me a head-ache." Immediately after I said it I knew I shouldn't have said anything. I made a big mistake and he was giving me a chance. *Do not make any kind of conversation.* "It's the first time I'm hearing this," he said, and it was the other guy who said, "Sir,

the weed changes every day." There was something specific in the way he said "Sir" that confirmed my mistake. I wanted to fix it, of course. The kid immediately became violent. When he was about to take my life, a voice said, "Raulo chill out motherfucker." The guy called me over and I went to the corner. It was Caín, the guy from the hotel. Saving me.

He offered me a beer and a shot of *chicaíto*[1] and he hung out with me like we had been brothers our whole lives. It was then I learned that Caín isn't his name, just a nickname that he's been stuck with since he was little. His dad was a *gringo* from San Jose, California who was rusting away behind a desk working as an assistant manager in a bank. He came to the island once on vacation and before you knew it, he'd knocked up the boy's mother, who was now dead. They killed her in New York in the late '80s. He was very little at the time and his aunt sent him to Santurce to live with his grandmother. He grew up in La Perla and, statistically, he's already dead, because given his working conditions—he controls one of the corners—the odds determined that his life ended when he was nineteen and he tells me that he just turned twenty-one and expects to make it to forty-five and he puts his hand behind his back. I feel protected but I can't stop sweating and I want to relax but I can't. I lift my eyes and see the happy slum, places selling chicken kebabs, women selling blunts. I think about Filí Melé and I inevitably compose a terrible verse. He's called Caín because his father's last name is Caine, and he came twice to the island. The second time was when he took them back to New York. There he made a mistake and needed to leave

---

1. A shot made from a base of Palo Viejo rum and one part anise—you can't make it with Sambuca because it's undrinkable—*Paloma* or *Mono* brand is fine. It has caused me serious problems before. At this one place called "El Refugio", in Río Piedras, a college town, academic, stately and revolutionary, was where I wound up in the most trouble. There's no good way to translate into English what winds up being a joke for the bartenders with the tourists. The *gringas* order it saying, "Give me a 'Little Fucking,' pourh fuh-vohr."

in the middle of the night for California so they wouldn't kill him. Mother and son stayed in their apartment in the Bronx alone. His mother died, as I said already. He knew about his father because a check arrived five times at his grandmother's house in Puerto Rico. He never wanted to wear the clothes or eat the food that they bought with that money. He hated him and to top it all off they named him after the old man: Caín.

Caín David can die at any moment. He can also kill. A junkie passes by and brushes him by accident and he pulls out his gun to shoot him. He takes it out in front of me and now I can understand a bit better the fear that my stupid boss felt. He has a certain control and the life he leads takes him ever further away from the rest of us. It tears him from us. He belongs to a legion of ghosts that have the sickening whispers of the scythe breathing down their backs. It's a hard job, drugs. I excuse myself from the party but I have to go to work and he lets me leave with the new life that he has given me. If he was my superior before, now he's my big brother. And it's all good. I pass by the string of dealers that offer the merchandise under their breath: cocaine is called Gargoyle, weed is Chinita, Filiberto, Arroyo, Jordan, Corona, Heineken, Skittles. Ways to get by, neither good nor bad, just surviving one more night. Maybe we aren't so different, Caín and I. Maybe my death isn't so unknown or isolated. Maybe others decide. Maybe I belong to that legion.

Afrotourism

The worst thing for me as a bartender is working Sundays starting
at six o'clock and the night doesn't start to kick off until eleven.
Five hours preparing mint for the mojitos, masking my mood.
The band was tuning up and soon people started coming; groups
of three and seven. Two couples. One girl, who was seventeen
and a knockout, was with her boyfriend. The guy had the body
of a personal trainer. But what broke all the eggs in my basket
was the Japanese couple that looked like *fashionistas* that asked
for two mojitos and two shots of Cuervo. The band's repertoire
switched between ballads, salsas by Maelo, and even pulled in
some stuff from Rio...these guys got the crowd dancing. Between
shots and beers I had a chance to light cigarettes and stare out at
the dance floor, which was broken by the young couple's charm.
The girl danced, I didn't see the guy. I don't dance but on occasion I pay my dues as a gigolo. The chicks from Vermont love
afrotourism.
    And there was the Japanese couple, drinking and immov-
able, as if they were waiting. In the middle of the dance floor
the couple lit up the tiles. He showed her off, she moved, more

captivating than a swan. The singer announced that after this next song they'd take a short break, "But first, a little Cuban ditty...." I don't know why I shot a look at the Japanese couple. No sooner did the first notes of the Buena Vista Social Club start to sound than they stood solemnly and started to dance with grace. And they danced better than anyone. The sadness inside me bit me very hard. I remembered a woman who died in Varadero. On the dance floor the pair from Nippon pirouetted and spun, completely shredding the other little couple, who started to imitate their moves.

Merengue

for Pablo, hard as ever

Well, what can I tell you, girl? During that summer I was fourteen because at fifteen I was already in the Naval Academy, so when I was fourteen I returned to New York half broken by Gino and trying to rehabilitate myself with the possibilities that neighborhood held. How can I explain it? It was almost impossible for me to deal with the poverty. In a moment of adolescent rebellion, I rejected my grandparents, my mother's house and the neighborhood—principally the neighborhood, girl, an absurd sexuality in that neighborhood, girl, and a fear of the body. That's what they instilled in me in that neighborhood, Juliana: a tremendous and definite stench in your body because of your desire for someone else's. For example, Myth Number One: *You have to dance merengue close together or else it's not merengue.*

"What she really won't tell me is that a lot more is known about her life than what she thinks. For example, listening to her, one might imagine innumerable lives for her from the snippets of

stories that you can pick up from the long conversations with her sister, the reproaches and curses that her mother utters in silence and the things that her ex-girlfriends confess on a MySpace page. For example, the story of Gino goes further than that. Gino was a boy from Curaçao who had moved to New York because they'd signed his brother to play baseball. He was her sister's boyfriend, who at that time was twelve years old…so this *loca*, who was only fourteen, looked for ways to steal her sister's boyfriend. There was a crisis, but that's why they had to send him to Santo Domingo… that's what this *loca* avoids saying, because she knows how to tell a story. Everyone tells what's convenient for himself. The part about denouncing her neighborhood is true. I don't blame her; that neighborhood is terrible. Villa Duarte is like the toilet of España Avenue. As far as hating her grandparents, I don't know how true that is. I've seen her in nights of excess, at around five in the morning, crying for her grandpa."

I need to tell you, dear Maestro, that they stopped dancing merengue like that a long time ago, although there are still a few places in the Bronx where they have nights for dancing to music from the '80s. So things change. I'll tell you, when I was fourteen I was really into Vico C. and all that. I had a boyfriend in the neighborhood who liked MC Hammer a lot, and I was hardcore hip hop for about two weeks. Myth Number Two: *Every Dominican knows how to dance merengue.* False as false can be, my dear Watson, pass me that bag. Okay, I was saying that I hated my grandparents and I wanted to rebel against them. So a friend showed up, from outside the neighborhood, of course, because in that shithole nothing prospered; my friend lived in the multifamily apartments on España Avenue. His name was Juan Carlos and he was enrolled at an expensive Jesuit high school and played soccer.

"I went with her to see her mother in Amsterdam. It turns out the *loca* and I arrived in Vienna to put on a show and the whole month that we were there she went back and forth on whether she should call her mother or not, since it had been a long time since they'd seen each other. There were nights where she said that she was definitely going to call her in the morning to visit her on the way back to New York, but the next day in front of the telephone and the calling card she would just bite her nails. The tension in the hotel room got so bad that the best thing to do was escape and leave her alone—panic. She finally called her mother and dragged me along to the reunion. With two cups of Remy (it's the only thing the woman drinks), her mom confessed to me that the boyfriend to whom this text refers was the son of a notable man in the neighborhood, the owner of a bodega; the kid was named Vittín and everyone on that little piece of the street knew men were his weakness, but when they found out about the romance between the two boys they wound up sending Vittín to New York. Here was where the woman's eyes teared up and she asked for a couple of coins from the tables and excused herself to play the jukebox. She selected a song by José Feliciano and returned with tears streaming from her eyes and judging by the trembling in her voice she knew she was about to lose it but steeled herself and said, without looking at her son who ate peanuts slowly, 'Our biggest error was resolving everything by sending our children to New York...that back and forth of spices can't be good for anyone.'"

So that summer I had rebelled against baseball. Myth Number Three: *Dominicans are all crazy about baseball*. I started to play basketball in school and I did fairly well. I was able to get into a little league that played on Saturdays in the Calero neighborhood. Anyway, that's where I met Juan Carlos who didn't know how to play and he asked me to teach him, and whatever, and we started

to hang out. I never thought he was gay, though, like really gay, I mean. I didn't realize then. It took time. My mom's brother is gay and because of that they kicked him out of the house. Then there was all that drama, and the *loca* was so happy because, think about it, he was leaving that shithole of a neighborhood. They sent him to live with an aunt in Ensanche Ozama. She was an evangelical, so maybe she could cure him. She had completed some studies in Puerto Rico supposedly about prayers and some kind of counseling so that she could teach people to no longer be attracted to other men, because apparently for them, gayness wasn't just about preference, it had roots somewhere else.

"Juan Carlos was a boyfriend that he got after they took Vittín away from him. His grandpa insisted he was going to cure him by taking him to see naked women further down from Duarte Avenue, in some strip clubs behind the Huacalito building. His grandpa didn't want to make the same mistake he made with the son he had to kick out of the house. For his grandpa, the only way to cure gayness was by force and by making him dance with women of the night."

I liked the kid but I never fucked him. I didn't know anything until my uncle coaxed the truth out of him one evening on the sands of Playa Caribe, a beach that lies a little further down from Boca Chica, and a little past the airport. You know, you've been there. Anyway, I went to find a couple of beers and I got caught up talking with some girls from the Don Bosco that I'd met at a block party a few weeks before and since then we'd seen each other everywhere. Anyway, I got back with the beers and I found Juan Carlos with my uncle's cock in his hand. He didn't look surprised at all, he kept acting like this was the nth time that he had done something faggoty in front of me, and on the beach some afternoon in the middle of a Sunday just like that.

Coming out of the closet like that, in a country like that one. Girl, I'm talking about this happening a little before the twilight of the '90s, in a backward country. I'm telling you, there are still people who believe that being gay is a disease. Anyway, as I was saying, either you haven't read Alegría's books or you haven't gone to the conferences, "What It Is to Be Homosexual in the Caribbean of the New Century;" "From the Inside Out: The Disrepute of a Disagreeable Fight." Things have changed. Fine. I tell you, from that instant, things changed in my relationship with my uncle and my friend. And through all this, Juan Carlos had a semi-serious girlfriend, Glenda, a girl that resembled an aborted guppy, but she had nice tits to put it bluntly. They were real, the ones she had. One evening Juan Carlos told me I should hide in the closet so I could spy on him and Glenda fooling around and they met there that night, the things they did there that night, things so interesting that I'm keeping them to myself... Pour me some more. Don't drink all the wine, *cabrona*, when the fuck are you going to finish with that makeup? Myth Number Four: *If you think you have something, let it go, if it comes back, it was always yours. If not, she was Dominican.*

"His uncle had an important position in the Government. He was a bodyguard for Balaguer, who was the president at the time. The *loca* knew very well that he shouldn't get involved in politics, so he never dealt with it, when it counted, on the bacchanalian nights with his uncle when he discovered that they shared the same weaknesses, well, they filled the pickup with kids that went around falling in love with each other in the neighborhoods. One drunken night it occurred to him to tell me that his uncle loved to go into the Presidential Palace in the middle of the night and take a liter of Black Label or two, and then go out, all of them, to a bar that was like a family's house that lay behind what was the Perla Antillana Racetrack. I had an aunt that lived over there.

They've torn it all down now to make way for a health center. They went with two kids to get them drunk and see a drag show in that bar, smoke some joints, and then jerk the kids off. The *loca* was emphatic that there was never penetration in those days and it was always just groping and kissing and sharing tongues with other men, throwing whiskey on their bodies, drinking from their bodies and offering their own bodies so that others could drink from them, too. They were happy with the contradictions. They were drinking the State's whisky from prohibited bodies. The wrong bodies."

I put the moves on Juan Carlos but he always blew me off. I spent time at his house. His dad was a two-bottle-a-night alcoholic, a disciplined and unflappable drunk. His mother was a doctor who had experienced the disappointment of middle age. Things were hard in the '90s in that country. But there was hope—but that was already said by Alegría in his book, *The Passion of Morgana Torres*, "Maybe that light, that comes from the other side of your mistakes is a train heading toward you at full speed; be careful; don't slip up." So anyway, time passed and the one that died was my grandfather—it's true what they say, you know: be careful what you wish for because even though I thought I hated him, I cried for that old man. I still cry for him. My grandmother hasn't died yet, but she got out of that hole and into another because everyone knows how far New Yawk has fallen, at least the Dominican part of New Yawk. Excuse my rudeness, but for me it isn't "York," it's "Yawk," I never knew anything else. In "New Yawk" I met Y., who was studying at Parsons on a scholarship. What can I tell you about Y.? He was a kid from a farm in the interior of the southern part of the Dominican Republic; a South that had always had a lot of bad luck, the South, I mean, a guy from the South with a little talent and in "New Yawk" he looked a little confused. To me he looked like he was gay but he wasn't

ready to accept it. It was something inside, like it was for himself alone, his gayness. Anyway, no one ever saw him with another man, but I know that in those dark nights in a bar called Caña in Midtown, he wound up grabbing my cock a few times while dancing and making an ass of himself. Still, he wasn't crazy enough to kiss a guy or go away with him for a week. He was just crazy enough to grope men, to tempt the enemy. I've also been with women, of course, for example my cousin Norelia, who asked me to break her heart. Anyway, so I did and we were at it for a while, crackling with the indecision. He also had a girlfriend in those days, a girl who studied with the Sanchina nuns in Villa Duarte. Her name was Karina, the daughter of a Senator. Crazy about the physical body, about smoking pot, they threw great parties in that house, every day of the week. I'm telling you. I was with them both. Myth Number Five: *The Dominican Republic has changed, now we're more tolerant of marginal groups.* Later in "New Yawk" there was a dark time because I didn't get with any men, and women only appeared as if to give me trouble. I confess that I never went out looking for women, they just fell into my lap. One night of depravity, for example, I was at a party in an apartment overlooking Central Park, that's the only thing I remember about locations. The girl was the wife of a theater actor that had contacted me to make him a wardrobe. Anyway, he wasn't there but she was and so was another Colombian girl, another Colombian guy, and a Colombian doctor who was the owner of the apartment. The point is that in the middle of the depravity and dancing to a song by Susana Baca with the director's girl, I found myself feeling up her breast and found that she was letting me. And from there it was a small step to fucking through our clothes. There was a struggle on the part of the other Colombian, not the doctor, who got violent and drunk. We, she and I, avoided the guy and snuck away to a bedroom to give it to each other hard. In the heat of the moment she wanted me to

give it to her up the ass and I gave it to her just like she asked. We reveled in it. The furious Colombian was crying outside. He listened to tangos until about five in the morning and later went down to wait for a taxi.

"I met the *loca* through what was probably the only boyfriend that he'd had during the sexual drought in New York. The guy's name was Nelson David and he was a Dominican of about thirty years old who worked in the same McDonald's as the *loca* did, one that was at Bruckner and Willis in the Bronx. He acted all macho, avoiding things at work but it only took one Saturday evening in the fall when Nelson David convinced him to go eat some chicken and rice at Nelson David's apartment, which was on the Concourse a little further down from Yankee Stadium. There, Nelson David told him to get comfortable and lit a joint in the kitchen while he washed the chicken. One would assume that the soundtrack that played was the same song that played in every immigrant's kitchen, whether in Barcelona, in Gallarate, or in North Haven. But no, instead of Fefita la Grande, Nelson David was playing a CD by Gustavo Cerati on which he sings with a Japanese woman. Nelson David's robe was Japanese, too, the sleeves rolled up to wash the chicken with sour oranges and start sautéing the dish, but not before giving him a beer that beaded up with cold and taking a few hits from his joint. That evening ended with the two of them in bed, Nelson David giving him a massage, convincing him that having an adventure at work wasn't a big deal. They had the adventure. And to this day there are no signs of regret although it's not really a recurring theme in the *loca's* repertoire."

The doctor and the other Colombian chick slept outside. They entered the bedroom later, around six-thirty and we all started to kiss each other. I tell you, there really are some nights that life

seems bitter and I just want to return to that place, to places like that Saturday after that hangover, to those monsters made of other bodies and other hips and other columns and other flavors. That summer the myths reigned, there was no more waiting. Myth Number Six: *Everyone has a cousin in New York.* One night after not seeing Juan Carlos for a long time he found me at Mitzy's fifteenth birthday party, which went by in fits and starts in Hotel Lina. It was nice seeing him so out of the closet, dancing with my uncle—they were dating by this time—in the terrace of the hotel as if nothing mattered to them at all. And really, it didn't matter to anyone, all of the old ladies were inside, asphyxiated by their husbands' mistresses and the smell of gardenias that soaked everything fabulously in the air conditioning. I left to tell my uncle that my grandma was getting bored and we had to go and he had the keys to the car and that's where I found him dancing an *ampambiche* with Juan Carlos.

"I'd like to keep trying to justify this frenetic typing. This excess in living, but the memories live for us. There are memories like there are hearts, you don't remember with a calculated mind, you remember, and to conjugate that verb, the only way to do it is with your body. Are we what we remember? It would be better to end it. But how, if we're as full of voices as we are of death? If I died now, those others that beat until they leave me little by little, would they drag themselves out of the lowest point of my finest hour? Would they understand that the string had run out? That the fat lady has sung? To how many people does this testament belong? Whose was this voice?"

At the time Juan Luís Guerra was really popular. When I returned to the ballroom and the *Quinceañera* they changed her shoes and on one of the walls was a video projection of her walking in slow motion with a spongy dress, horrible, aquamarine, in the

Botanical Garden. The only thing that I can still remember is that the photos lacked cachet. I arrived at my grandma's table. She didn't really want to go and asked me for another beer, I realized that my grandma was drunk, and she told me a secret: "On the other side, lined up with this table, there's a woman with the same dress and the same earrings as I have." My grandma was drunk on Barceló Añejo rum. She was referring to her own image reflected in the mirrors, multiplied numerous times towards all of our deaths.

Gangrene

I

It was impossible to be sure if it was the screeching tires or the confusion that dragged him half a block. Nothing else really matters as much as one's full name in the obituaries. The picture was the same one they used for the poster at the university. That was the first time I had seen his face. I signed up for his course because it would give me time to formulate a plan for my vengeance. The last thing I needed was a workshop on "The Dramaturgy of the Body." One class was enough to convince me that he was detestable.

There was no doubt in my mind; the guy knew how to embellish words with voluptuousness. It was easy to deduce the dirty sensual touch, the gestures that seemed to push out the words and later accentuate them with some kind of praise when it came time to grade the exercises. The reverent murmur of the girls in his class that he kept on tenterhooks, the ones that would kill to die for him and lined up to eat him alive, exhausted me at times. During the first sessions I was mortified when no ideas

came to me for how to destroy him. After three weeks the plan suddenly presented itself. It was decided: Emeterio de Goncalves was going to suffer.

The worst place for keeping secrets is the Humanities Department. Emeterio arrived on the island thanks to an abrupt breakup and an air traffic control error. His few friends, seeing him pointed towards self-destruction, advised him to stay. They tried to get him a full-time job but the only thing they accomplished was that he was able to give his workshops. Everything was improvised. When asked what "The Dramaturgy of the Body" really was, the *maestro* vacillated. It was impossible for him to organize and globalize the concepts, and his illustrative attempts always ended as a forced joke. I enjoyed those little fuckups. It was a pleasure watching him sabotage himself.

His wife had cheated on him. It hadn't been hard for him to get her side of the story since she was never very modest when it came time to provide an alibi. According to him, that night he took his wallet, two shirts, and some boxing gloves, which were an essential part of a play he was still hoping to produce. This "play" meant everything to him and required that he be in top physical condition. Due to the breakup and the move, he faced problems when it came to scheduling his time at the gym, but the classes were helping him find himself. He recalled the terrible morning when she revealed her treason. He mentioned the hangover that wouldn't quit. He wasn't sure how much of the pain was a result of the binge. After repressing a fake panic attack, he had the nerve to bring up his own purity: he who was never unfaithful, he who only wanted to *love*. That last word turned my stomach. The professor who listened to the story couldn't take it anymore and gave him a hug; she even promised to keep him in her prayers. Emeterio de Goncalves wasted no time admitting that his problem wasn't vice, per se, but rather his fanatical attitude towards life.

II

The official version is that a miracle was conferred upon him although everyone knew that he seduced the Department head: a woman with an unfortunate body who tried to compensate for years of icy carnal activity with meditation classes and spiritual retreats from which she would return with horrible mud pots. Emeterio played those cards well and the next semester he was already teaching two classes, in addition to the workshop, that he audaciously repeated twice during the same period. Rumors spread that he was also fucking the students, which wasn't easy to prove since the guy had charisma and presented himself as someone unable to do such a thing. I decided not only to enroll in his classes, but I even put up with his workshop again. The hate inside me grew more enjoyable. The frequency that had been imposed upon our meetings bore fruit and it wasn't long before the chance encounters at the bar became commonplace. One cloudy night, three beers in, after having summarized his own in grandiose projects and infallible studies, he became interested in my life. I kept it short but I didn't lie. I explained the origin of my last name justifying my crazy accent. So you're a *gringo*, he stated clearly, deepening the line that dirtied his lower lip. Only later did I come to find that he was smiling. The comment bothered me but I avoided any kind of outburst; I ordered two more beers.

I'm half Dominican, I said a little later. Outside, the rain grew more intense, thrown about by an impetuous wind. He didn't hear me anymore. The drunkenness had brought about the dry flash of that smile. I played with an ashtray and without realizing it I started to measure how my displeasure grew for the man who pointed out a woman's hips and rested all his weight on his elbows and robust thighs. He would peer at the women from the corner of his eye, sometimes at the large raindrops that kissed the hem of their yellow pants, others, the skirts and chests of the

students who jingled with their curly hair, who danced *bachata* in the phosphorescence that the area around the bar afforded them. A brown-skinned girl in second-year biology approached the table just as I was biting my lip, doing everything I could to avoid hitting him with the full weight of the bottle.

The waiter brought the order of chicken and French fries. He lit a cigarette and lifted his gaze towards the avenue. He mentioned the possibility of a low-pressure system approaching while he turned his attention back to the middle of the dance floor, watching three nubile girls from the swim team, their hands caressing each other or just pretending, while elongating the arcs of their lower backs. What was really bothersome was the lack of circumstance in their rosy cheeks, still framed by their overly frosted hair and their eyes shuddering under the excessive mascara. To top it all off, one of the fluorescent lights flickered and buzzed, filling the music with a sense of desolation and fragility. When the *merengue* ended, with a note marked by the brass section, I invited the mermaids and the beautiful biologist to a round of beers; the girl didn't let the dancers get the better of her and she stuck close to Emeterio who was beaten but conscious of his place in the food chain. With the tips of her toes tracing a map of ancient seductions, the student radiated the very latest in sensuality. Emeterio was familiar with this game. He had invented it at the beginning of time during the worst winter in a dark tavern in Washington Heights, where my mother used to work.

The contortion of his mouth seized the rest of his face. His hands closed on the girl's throat stirring up her jet-black tresses. I drank half of my ice-cold beer in three gulps, feeling a slap of heavy drizzle from between the railing. Unperturbed, I wanted to imagine the cluster of obscenities that an exhausted Emeterio de Goncalves would place in the ear of his victim. I crushed the chicken drumstick with three fingers, drowning it in mayonnaise. I knew the only solution was to finish it.

Death didn't come that night. Against all prognostications, the deluge eased up in an ephemeral respite that installed a kind of stifling heat in the middle of what was now daybreak. It was decided that Emeterio would wait out the rest of the storm at the girl's house. With a small gesture, she suggested that it would be a good idea if we accompanied her. That persuasion didn't unsettle Emeterio, who in reality was already dragging the end of each word a bit. He moved his tongue lazily as if it were a piece of wet bread.

The house was big and full of windows and the roof was far too low for the accumulated heat that a crude, useless fan distributed evenly. I entered the bathroom to take a hit, and as I left, the girl recognized the vice that I wasn't able to hide, resting in a corner of my nose. Without a word, she extended her hand, pleading. Without breathing, chewing my teeth, recognizing her eyes for the second time, I handed her the small bag and the shell of a pen. "Enjoy," I said, calculating the smoothness of her ass, the smell like something holy and profane, like Mount Calvary in her perspiring crack, her long back with light brown fuzz. I guessed at the rest, at her rich nipples the color of ripe wheat. The sound of her inhalations said it all and without closing the bathroom door I let the force of my forearm slip to cover her stomach. I pressed all the weight of my center, suggesting. She went with it and even led my free hand through that denseness. We recognized ourselves in the creature with two heads that was growing in the light of the mirror. I rescued my hand from the crevasse and sucked her taste off my fingers. Vanesa, possessed by some mind-blowing energy, found my fly and the rest was biting and despair; groans replaced by halfhearted, intimate panting.

The numbers on the clock radio insisted it was four in the morning; it took half a minute to place myself in the semi-darkness of the room. Outside the gust of wind that whipped the flora

Rey Andújar

mixed with the serenade of the downpour. I found a wall and followed it with the back of my hand, confident that it would take me to the kitchen. I turned on the light as a force of habit and there, with his serious chin resting on his closed, relaxed fists, the professor vacillated between three lines of cocaine. Moved by a flash of lightning and without saying a word he inhaled one, two, three times. He lifted his head as if it were being leveled by chains. I still remember his broken look, that monstrous limit that redefined his face.

I didn't say a word. I left before the day broke. While I let myself get soaked by the harsh cold and uniform deluge, I wanted a boiling-hot coffee. I took refuge in the subtle sinew of irony, conscious that a plan had been born to finish Emeterio de Goncalves.

III

Vice made us accomplices. From the sidelines I manipulated the semester until it became frenzied. In light of the man losing his mind, the Department head had to choose between losing her own job and returning to her senses. At the end of the year, Emeterio was graciously asked to leave the campus. That insolent sign of implacable youth had been exiled from his face. His eyes were sunken at the edges; his mouth lifeless; his cheeks withered. Interestingly, I also left the university at the same time. I was so concentrated on the professor's destruction that I forgot my application for acceptance to the League of Art in the Capital.

A while later, already in my place and enjoying the intellectual prestige of my new authority, I was struck in the face by the rosy picture from Emeterio's glory days. The poster on the peeling door of a typical roadside diner that attracted miserable tourists announced a choral poetry number. Contrary to what I expected,

my heart was consumed by memories. I yearned to see him, to see just how far he had fallen into ruin.

That same night I got a table away from the improvised stage and in front of a bottle of rum, and I waited patiently until the mystery of my great achievement would be revealed. I savored a second sip when the bright lights dimmed and there, between three obese women, I heard the withdrawn voice that recited afro-folkloric poems with strained jubilation. I rehearsed how to look at him; I could locate a trace of that inclement youth in his dispirited face. Comfortable, enjoying the sweetness of victory, I waited for the segment to finish before giving him Abel's hug. He extended his shaking and rotten hand without surprise.

He had been waiting for me.

We chose a shack with tables that faced the bay, from where you see the walls replete with Uruguayan tourists. I caressed the cup with two fingers while he waited for his black coffee to cool down. Through the noise of the kids that dotted the asphalt, I noticed the havoc. With the hand that shook least, he pointed towards the park where he slept for three months; he lifted a tuft of grey and dirty-blond hair to show me the scar from a blow he received one Sunday: the celebrations in Calcanhotto had finished and a group of kids woke him with kicks to his chest; trying to scare them off with the knife was worse; that's how he got the mark.

He confessed that a few years ago he received a card from my mother, may she rest in peace.

The waitress returned with cigarettes and offered to bring us a new bottle. She stood there for an eternal moment with her gaze fixed on the girl with the handkerchief that marked the start of the race. The thunder of the accelerators startled the commuters that were returning to the bus. "Not even the police can do anything about them," she managed to say. It wasn't until that moment that I noticed the weather-beaten clothes that shamelessly showed

the patches floating on the man's bones, his obscene nails, eaten away, that carelessly chewed at the filter of a burning cigarette resting on a cracked ash tray. I interrupted a valuable moment of silence to give him the final blow. I was going to ask him, point blank, about the state of his addiction but it wasn't necessary, the blank stare declared the determination that, according to him, was saving him from hell. I've been clean for two weeks, that's why I don't want to drink...even a sip leads to coke, he confessed, spellbound by the bottle that the woman had brought to the table. I served myself a little more, not enjoying the anger at my possible capitulation. At the wave of the handkerchief, the cars took off with a metallic trembling in their chassis. He was organizing a lecture that was going to talk about forgiveness of all one's sins, rehabilitation, patience. It was impossible for me to either repress or show the loathing and the taste of failure that this announced. He was almost back on track. I wasn't just losing the battle, the war slipping away from me. And so, like a disappointment that reveals itself too late, Emeterio de Goncalves understood what for him was always kept in a delicate mystery. It was established that I never felt anything more than ashamed of him, fortified by the passage of time and patience. He stood up with his knees completely weak, bracing himself on the table. He was finally faced with the certainty of the knife that, over the course of an eternity, I had been pushing into him. And now, I was able to finally present him with the grave to which he had been dragging himself. Before I could react, he took off towards the avenue, maybe with the intention of getting away from me, from the past that my silence and my small collection of victories had crumpled in his face, adding to his misery, and his ruin. As the waitress approached with the check, I recognized the stupefaction in her face at the sound of the brakes of the car that was coming back, the winner. The newspaper that covered the accident lamented the races and the inefficacy of the emergency services that arrived,

late as always, in an ancient ambulance with a deaf siren and a damp twinkle of dim, opaque, and imperceptible lights.

Shit Towne

i, myself, am disgusted and angered
going through so much misery
and so many tribulations
-Boccaccio
Decameron, The First Day

I

In the middle of winter he found himself exaggerating the dangers of auto-exile. When the Towers stopped throwing shadows, he found his own foundations crumbling in the house in the Upper Bronx. The worst part was that his stepmother never interpreted the disappearance of his father as a casualty given the events, or rather, the Armageddon that took place in Manhattan. His stepmother put on a CD of poems in which the captain from Star Trek declared, "First, we take Manhattan, then, we take Berlin," and got drunk on Puerto Rican rum and said that she knew very well that Eleutaro wasn't dead—he'd just moved in with a Co-

109

lombian woman that he maintained in Danbury, Connecticut. Things turned out according to the prophecy and his stepmother wound up throwing him out like a dog because he was the only thing that somehow connected her with her husband's past—her husband, who had left her looking like an idiot perusing the lists of ghosts in the ashes of Nine-Eleven. He saw himself in the dead of winter without heat but not sad at all. On the contrary, he was happier than ever.

That's how he wound up in the apartment in Queens. The details are a little hazy, but the first time he visited the building he had to attend a typical Dominican dinner. The Dominicans in New York regularly ate at four in the afternoon on Saturdays. They listened to merengues and there was always a guy who put on a DVD of merengues from the '80s or comedies by Don Cuquín Victoria, for example.

At the dinner table, where they were vetting the writer, who was hoping to rent the apartment, was the woman of the house, whose face I don't remember; her daughters—the first was a blonde girl in her twenties with the face of a whore, the second, a butch dyke in the crasser throes of adolescence; at the other end was a friend named Y., who had arranged the appointment and had studied at Parsons. That's where the writer met the girl that he had by his side and who will be important in this story, Caspiana. Among the things that made her unforgettable was the fact that she was an albino and was six feet, two inches tall. They said grace and the person about whom we're speaking principally in this story, the writer, can say that he desperately wanted a glass of wine. He had brought one of those cheap bottles, fruity and bubbly that they sell in the bodegas. At that time, he knew nothing about wine. He uncorked the wine feeling very at home and didn't realize that imbibing alcohol in that house caused immediate problems. The dyke drank almost the whole bottle and took out another one by the time the coffee was ready.

This bottle she had tucked away in her room. According to her mother, she shouldn't drink because she had a diabetic condition. She wound up with the shakes by the fifth swig of rum and had to put ice on her crotch and the bottoms of her feet. They wound up renting an apartment to the writer just to get rid of him. The mother didn't want to keep making these scenes for strangers and besides, "Sábado Gigante" was about to start.

The apartment was on the second floor of the complex, and he had to share it with the albino and a serious woman who prayed the Rosary all day, six days a week. She spent her Sundays at church, since she was in the choir and sang at all the masses. The apartment had a window that looked out on a forest of large trees arranged in a triangle, which is a luxury in New York where everything is cement, tar, and iron, among other things. Still, there's nothing better than New York in the summer; there are many *merengues* and rhythms that testify to that. They've never written a *bachata* about how picturesque and enjoyable New York can be in the summer because *bachata* is for sadness. In every *bachata* a Dominican either kills or dies. The writer settled into the apartment and the first thing that bothered him was the silence. He also couldn't help but notice that the albino girl's room was right next to the apartment's front door and was the size of a closet. On about the third Sunday of loneliness and apathy and that disgusting silence, the writer dared to knock on the albino's door; she opened it so suddenly that the writer got the impression she had been waiting every day to open it like that. She was wearing a chartreuse jacket and huge dark, square sunglasses. The writer, being impertinent, started asking questions. He wanted to know why she didn't rent the other room, if it was available. She replied by offering him some lemon tea and affirming that she was perfectly happy in her closet. The writer seemed not to understand and asked if she had any diet sugar; he felt bad because the little brown sugar cubes looked so cute.

The albino girl confessed that because of her condition, she didn't like to be near the light and that little window caused problems. The writer said he finally understood and they promised to see each other only and exclusively inside the closet.

With winter well underway, the writer found a job with the Coraza Brothers' Circus. One night full of poetry in some Colombians' apartment in Corona Queens, he sang a song in Portuguese and later recited a poem by a macabre writer named Pastor de Moya. He recited the text as if his life depended upon the authenticity of the delivery. The people there thought it was sincerity but it was really just hunger. The writer had been left penniless and spent his days with nothing more than a hamburger from the dollar menu from whatever franchise. He gorged himself on coffee and tea at the auditions that he was constantly attending, trying to get third-rate roles in Latin productions in Queens and a couple in Washington Heights. One of the Coraza brothers, the older and uglier one, Santiesteban Coraza, saw some use for him in the writer's budding transvestitism and seeing him, imagined a number with songs by Nina Simone and poetry by Kerouac, José Asunción Silva, and Manuel Ramos Otero. He wanted to do something like that for the burlesque nights that he was planning for the circus. Santiesteban Coraza was homosexual; he made passes at the writer, who ceded without any problem since they told him about the job and he got an advance of two hundred dollars that same night, which allowed him to pay the rent and get drunk that weekend.

The meetings with the albino girl started to suffer due to the job at the circus, which obliged her to leave her semi-seclusion to attend the writer's events. The burlesque number really suited him well. What the albino girl didn't appreciate was the way that Coraza, the elder, touched the man that she liked. Caspiana decided that Sunday to make her move on the writer and invited him to eat Thai food after the function. She explained to him,

somewhere around the fourth beer, that she was named Caspiana after the Caspian Sea. She had lived for a while, which she prefered to distort, in a strange little town. While she was there she was cared for by a woman named Crepúscula, who took great care of her and compiled a picture book for her which they worked on together cutting things out of magazines and newspapers and sticking them with flour paste onto pieces of construction paper. The writer asked her if she still had the album because he'd like to take a look. She responded by suggesting shrimp in coconut milk, which was very good there. Caspiana didn't need that eighth beer to fall deeper and deeper in love with the writer, who really looked very handsome with the hint of frosting that the burlesque makeup had left on his skin. That day he had a little more makeup than usual because he had to leave early so that Santiesteban wouldn't make a scene out of jealousy. When the conversation got to the point that the writer told Caspiana that she was too tall for him (the writer was 5' 5"), and she responded saying that in bed everyone is the same height, he realized that she had won that part of the battle. It was a battle that bordered on the twilight of that New York winter.

II

The older woman had to get it off her chest. Her secret was that all that Catholic devotion started when she moved to New York at the beginning of the '80s. She didn't come like her fellow countrymen looking for a better life and all that nostalgia, nothing of the sort. She came from the middle class, from a powerful family, and she had graduated from the Technical-Commercial Institute for young women and everything. But she came across a *mambero* on the street. A kid from Villa Duarte, whose name was Manolé, who was in a *merengue* band that had only one hit record. But it was such a hit that, in a whirlwind of excitement,

this family girl left everything including her twin sister who was like her other half, her mother and father, and moved to New York. But all Dominicans know what this city can do, and so it didn't take her long to realize the mistake she had made. But it was already too late; the mistake was already five months old. She gave birth to a pair of fraternal twins that were born dead, strangled on the umbilical cord due to complications that she suffered, supposedly with her IUD. The point is that she fell into depression, and even worse when her mother told her that her sister was running in the wrong circles on the island. Her father pleaded with her to put in the paperwork and take her sister to New York. She always changed the subject of the conversation because deep down, truly, she never wanted to see any of them again and secretly cherished the idea of never returning to the island. It was in those days that the famous bank robbery on Independence Avenue took place in Santo Domingo. Among the dead was her sister, who had gone to cash a check that she had stolen from her father to buy coke. The guilt consumed her. So that was why she'd pave the road to her demise with as many Hail Marys as it took.

Santiesteban Coraza, reacting unexpectedly, fired the writer. Caspiana, who had fared so well during the writer's upheaval, decided to play it cool and proposed assuming the weekly payments on the apartment. She would do this, making it very clear that he was going to have to contend with her vices. The writer, who had already sold his soul to the Devil, understood that there wasn't any problem and signed in stone one hundred percent aware of what was hidden in the fine print of that contract. He paid for her vices with the small parts that he got in the second-rate theater productions. He had to get naked for one of the roles, and by chance, the assistant director saw the size of his member and offered to suck it for him. The writer said yes and that happened more than once but didn't become a habit because the writer,

who was always looking for money, started to invent problems and prescriptions or books that he needed to buy and started to swindle the assistant director out of twenty at first, then fifty dollars and so on. Without really meaning to, the writer started to live off of one of the many forms of unofficial prostitution. With the albino girl, the sex was something strange and constant. She didn't much care for copulation itself but she liked to play with his ass, put things in it, shave the surrounding area, go too far, and exhaust her tongue with him. To repeat, the writer had sold his soul a long time ago. He sold it to the Devil when he lived in Santo Domingo.

III

Shit Towne, the city that he knew, is distinguished by a severe distortion of social systems. That's how he explained it to his father when, a little before the Twin Towers, he insisted upon moving to New York. "I can't stand the social pressure. Here if you don't have a car, you're nobody. If you don't know a solider, you're nobody. Everything is your job and the type of clothes you wear and the kinds of bars you frequent. A weekend in Las Galeras, Holy Week in Orlando, Christmas in Montreal; I can't take the social pressure." His father thought it was stupid and a lie. He had done something in Santo Domingo that made him want to disappear. The truth was that all that stuff about social pressure was true, but three specific things happened that defined Villadiego to the writer. To being with, in those days the writer was a manager of a franchise burger restaurant in the city, which allowed him excesses that he, taking advantage of them, exaggerated. He had an affair with an employee that left her pregnant. That night, anguished, she confessed everything in the middle of an improvised party at a gas station. He alluded to having dreams and responsibilities and that this wasn't the time to be having a

child. The girl could barely speak due to a series of feelings she didn't know she had. Feelings that had to do with shame and fear, and she asked him when would the right time be, then? And so he promised her, trying to find an escape route, to be with her during the abortion. Well, you know, she had an abortion and he was gone two days later, poof! He disappeared like magic.

The second thing was another abortion. This time a good family girl and everything, whom he was able to coax into giving herself over to him because so far there wasn't a single woman who could resist him, nor a single man, either. A guy with a somewhat atrophied sexuality, this writer, but he'd never admit it. It wasn't his fault the second one got pregnant. In truth, he always protected himself and even more so after the first mishap, but this girl talked about a rhythm method and a so-called allergy to prophylactics. Obviously, there was a lot of rhythm and little method. He left her beforehand. She called him the night of the abortion from some friends' house. She had promised herself she wouldn't call him, and although she didn't do drugs, that night she went on an acid trip to deal with the pain—because abortions can hurt, too. But the writer didn't answer the phone. He was at a party with another girl, of course.

The third wound up being a coincidence of the second, since one of the acid girl's best friends found him one night at a hot dog stand on Sarasota Avenue. The act wasn't premeditated, but there was malice aforethought because when the kid saw the writer with one of his friends eating and drunk, he considered the opportunities and remembered the baseball bat in the trunk of his car. The kid was with four of his friends. They got out of the car and the kid got face-to-face with the writer. The writer didn't know him but the kid had seen pictures and from there everything became moments of time in slow motion—blows, and bats, and chairs, and blood. The writer fell to the ground and heard the security guard say, "Cut it out leave them alone you

don't do that goddamnit!" The writer's friend died that night in the emergency room at Doctor Patiño's Clinic.

Summer treated Caspiana very poorly because she got a nasty infection in her skin and the hot flashes and itching was something awful. She scratched and her skin wound up stuck under her fingernails. The writer didn't leave her side even once and attended to her absence of sexual activity as best he could. She asked him if he was writing anything and he lied, saying that he was. She suspected that he spent entire mornings looking at pictures of Polynesian orgies on the Internet. Caspiana was disgusted by herself. The older woman told her she'd keep her in mind during her hymns.

The older woman was secretly sure that the plague was ravaging the giant albino and it was directly linked to the presence of the writer, who was a horrific figure because of how seditious he was. She arrived at her own conclusions and said that it would all be over soon. The signs of the Apocalypse were clear and she needed to do her part. Just when she thought that the only thing left for Caspiana to do was rot away, that summer decided to come to an end, but the older woman confessed to the giant that the decision had already been made and by the end of autumn her part in bringing about Armageddon would be complete.

The giant could never have imagined how things were going to end, but something told her that she wasn't going to be eating ham on Christmas Eve.

IV

It was the depths of autumn when the meeting between the writer and Santiesteban Coraza made it clear once again that two mountains can't unite, but two men can. They talked about things and Coraza, who was truly ugly by now, looked ridiculous with his

sideburns dyed grey. He was in love and was leaving the circus and was moving to Tenerife to spend the last days with a kid, who was supposedly a DJ in Ibiza and with whom he had been chatting. The writer listened as if falling asleep from hunger. Things weren't going well on Parnassus: the older woman had started to talk to him, to try to engage him in conversation at all hours of the night, she overdid it with her devotions and now she wasn't sleeping more than three hours since she was maintaining a constant Rosary. The writer got up at midnight to listen to the murmuring chewed in the jugular and the smell of incense and myrrh that Caspiana burned from a can with holes held by soft wires on each side. Yes, the giant albino girl had joined the cult because, after the rash on her body got better, the older woman convinced her that it was nothing more than the health that is restored to one who is going to die soon. And so to be sure, she had to go to the pharmacy at once to buy a pregnancy test and test the strength of the coincidences, because it wasn't until about then that the writer had convinced her to let him penetrate her. Supposedly she, too, had a latex allergy and *snap*! According to the blessed crone and the latest turn of events, the end was near and the Antichrist, represented by the writer, was getting ever closer to them. But the two women, together, had to see it as an opportunity since that certified them as chosen so they might test the arm of redemption. That is, if they wiped out one of the angels of Jezebel, they'd be doing God's work.

If he had only suspected any of these things the writer would have taken off running, and although the signs that something was cooking were bubbling over everywhere, the distractions were stronger. He was so distracted that he himself gave Santiesteban a goodbye kiss. The only way to describe that kiss has been used so many times, but it must be said that the kiss tasted like ashes and the writer couldn't even take that into account and realize that the end was near. Precisely one week away, during Halloween, would be the date of the crime. The writer was surprised to find

himself typing away in the wee hours of the night, as if driven by the sound of the whispered footsteps during the mornings. The constant hissing of the prayers, multiplied by the wagging jaws of the women, awoke him in a flavor of mint that hung in the air and filled the room with stimuli and convoluted forms that he tried fruitlessly and nauseatingly to organize in paragraphs and pirouettes of blood.

The agent that found the three bodies made it known in his notes on the investigation that he was struck by the piety that reigned in the writer's room. In addition to the white change of clothes, including underwear, the murder victim's only possession was a photo album with items that, it seemed, he, himself mounted on a collage of cut-out faces. He noted, "it seemed" because the object in question was soaked with the blood that poured from the deep vertical incision that splayed open the femoral artery. A little before the end, the agent saved for himself the only legible phrase on the cover of the album, "The bodies were naked at the moment of their defeat."

Unicycle

for Luís Negrón, with that style,
with that lingua

After dodging a motorbike the marathon runner almost bowled the angel over. The angel didn't immediately recognize the runner, who in the confusion, blurted out a mangled phrasing of "Smells Like Teen Spirit," The Bad Plus' version. It was a matter of snobbery... And so the angel understood and, somewhat anguished, extended his hand and eliminated any hint of a smile. The runner offered his wrinkled hand, covered in sweat. Surely the angel would think he was grabbing a gigantic raisin due to the flood.

There was ice after that crazy kiss at the Aquelarre, a kickass bar in Old San Juan. It had a pool in the back and everything.

The angel accepted the invitation for a coffee and immediately the runner's training was over, the latter was already thinking about how to talk to him about *that* night. He wanted to scrutinize the other's memory but he was getting ahead of himself. The night of the embrace was Friday. Due to the crazy things in his life the

runner—who is also a writer—was invited to a high school to sign books and answer questions for forty-five minutes. Oh, how those events pissed the runner/writer off. He was nearly thirty-three and submerged in sexual loneliness, *a long spell of love without appetite*, meaningless. The writer was a man. He was ambitious and that was what will have dislocated him.

The runner played with the empty mug, acting ridiculous. The kid switched to Coca-Cola; he hadn't said anything and the runner brought up the subject of the unicycle. Of course, he wasn't going to confess that, when he saw him, he almost died. The writer thought about a story that he would call, "An Angel on a Unicycle at Dusk." Considering that the writer publishes these stories in certain magazines, he thought that the title could be considered an eccentricity but on second thought, after the kid had gone to the bathroom three times and the cold sweats, *et cetera*. ", I mean, this is what happens to a *loca* in the terrible lobby of maturity, she falls madly in love with a boy," the writer told himself. "Take it easy, tough guy, take the emotion down a notch, it had only been a kiss." Good, he said and thought about the night at the Aquelarre. He wanted to kiss him again and forever.

That night at the Aquelarre, the kid saw him close to the pool and got close without approaching him. Ultimately, the one who didn't recognize him was the writer, who had to make an effort to overcome the kid's rough intellectualism in the first fifteen minutes of the conversation. Then they spent two hours talking about their differences in musical taste. It started with Glenn Gould and ended with Fernandito Villalona. Yeah, that's how well these necessities went. They talked that night and they got drunk on a bottle of Chilean wine and two joints they rolled on the way to the Morro. There they smoked, pretending they were still at the pool at the Aquelarre. They were gods. The stars were their enemy.

The angel of the unicycle excused himself solemnly and said he had to go. But first he promised the writer that they'd see each other again. He spoke with the dead tone of Caribbean hope. "What are you doing tomorrow at eight?" At that question, the runner cancelled all possible conditioning and the writer wanted to believe in destiny, in sparkles on the other side of the wolf's mouth. The fiction started to struggle and beaches and nocturnal picnics appeared with beers and more kisses. The writer remembered that the kid surely wasn't even seventeen.

The angel was a well-read kid and difficult to impress but the writer also had his charms. He knows, and it's not a flaw, that his ambiguity is suggestive and suits him well with his performer's ego in the making and as an artist on Wikipedia, but an artist nonetheless. He knows interviews by heart—physical—with writers like Oliverio Sabino, Ricardo Zelarrayán, Pepo Garrastazu. He recites poetry. He smokes pot, which is now gone. If someone were to observe him from the outside, they might say he lives the life of a Bohemian. He loves fresh meat, preferably girls, but the angel of the unicycle was something that shouldn't be missed. He suggested ordering another round to try to snag him.

It also didn't seem like the kid was gay, he was simply not of this world. Obviously. He was an angel. The night at the Aquelarre the angel kissed him without asking permission and it was a special kiss for the writer. Although it wasn't the first guy with whom he had crossed lips, this kiss was something else, they weren't a girl's lips, or a man's either, they were of the highest choir of angels. The writer couldn't stop himself from wondering how many pairs of men had held each other beneath that same moon, in that same green sea, the extension of the ocean that entered, wild, and split the Island's chin in two. The angel took him by the chin and kissed him again, this time stinging his upper lip with his budding mustache. The runner once fucked

a girl in the San Lorenzo 5k, in honor of Chayanne, the best in romantic music, after Manny Manuel, of course. Delicious. The chick from the 5k couldn't have been more than seventeen. She had something like *dulce de leche* about her nipples, it was to die for. Something strange happened the night that they fooled around on the grass. The writer remembered the same flavor of sweet coconut that he had discovered in the girl's tangle of fuzz. Only this time, with the angel, who tasted like heaven to him literally, everything.

In the classroom they asked him three questions. There was a chick, who was about fifteen and very hot. The writer showed himself, and his answers showed their seams and he was a little nervous, maybe that's why he didn't even notice the angel.

They can't go to the Aquelarre because it's closed. The runner, who says he runs by there, suggests going to that beach that's there in Condado, the one that you get to through the playground. The angel affirms that, yes, he knows which one. It's the first time he smiles and the *loca* goes on believing everything.

He's not going to admit it and he's going to think about other things, possibilities. The things this guy's bite can do.

The boy will never make it to that date.

He had written two books, the writer. One novel, which was moderately well known, and one book of stories that was recognized by a panel of judges. The runner and the writer rarely agree, they live constantly fighting and that gives rise to depression in the intestines, that is, there are nights that whole grain rice smells terrible to the runner, he wants to smoke pot, he wants to listen to The Horace Silver Quintet doing that little thing that they call Filthy and Nasty. Spend a Saturday like that, understand that the possibility of a dense mountain exists, or sunset at the Morro, or drinking a coffee at Cuatro Estaciones just to sugar the writer's

pill, who is all for the pot but prefers, when it comes to making the grade, a specific rock down in La Perla, right there in front near where the surfers enter. The writer had come to the Island in 2004 promoting the aforementioned novel. He ate Puerto Rico in two evenings and promised to move there, to dwell, to die, to love there. One night during the full moon a girl appeared in a slum called "El Boricua." At the time Robi was very much in fashion. The writer, consciously, that is, with premeditated malice, and pretension, surreptitiously cut his hair in a style a lot like Draco's.

The guy from immigration, who, on top of everything else, by chance had the same last name as the writer, gave him the idea. "Oh God, what's Draco Rosa doing here?" The name sounded familiar to the writer and he promised himself he'd Google it. Soon afterward he was in love with him. He had what the *gringos* call a "man crush" on the guy. For some strange reason he wanted to *be like him*. Clearly that was bullshit. Of course he made an ass of himself in Puerto Rico. On top of everything else he picked up a girl in that bar and they went to La Perla. She wanted to believe that he was going through a phase. These sicknesses were terrible. The whole world has had its Lucrecita, its Rexach, its Prophetic Culture. Basically, she fucked the guy because he had a nice ass and it was promising. Plus, he was Dominican and there are certain aspects—*ahem*—that we Dominicans really have going for ourselves.

Yes, it's a terrible thing and we have it in our blood. It defies us in a serene swing in our hips.

But neither that swing nor that blood had any effect on the angel of the unicycle. The writer's story, which was supposed to be eight pages long wound up being far too short and it wasn't fiction. The runner was trapped in the perpetual coming and going that you experience when your feet are running one way and the stopwatch

is who knows where. But the philosopher Willie Chirino said it best, "What's good for one person…"

They ran into each other again in the supermarket. The writer was, as always, playing with the mangos to kill time and husking a pair of grapes on the sly "to try them." It was a bad habit that he picked up when he lived in New York. He had had an affair with another man there, too. This one was (is) a *loca* named David. He had some disease that, according to him, wasn't AIDS but he had to change out his blood every so often. But precisely due to a question of timing, while the writer was watching the angel by the cucumbers, he decided to not even dare say, "Hi." "But if that piece of shit thinks he's going to come at me again with those big bright eyes and that lack of a smile and that thing that he does with his right cheek exactly like Bruno McArthur in *Song for My Father*…" Oh well, the runner wanted to go and touch him, walk a little towards him—he who was so very preoccupied with his cucumbers—the runner and the writer had this single conversation inside the *loca's* head. "What if we go, what if we don't go, what's the worst that could happen?" Again these two were making things impossible for the poor guy, who was now at the moment standing in front of the pumpkins—opened one by one, so that the ripe color and the seeds will make you want to buy them—it seemed like he was going here and there dancing the *quebradita*. Finally the angel turned halfway around, but thank goodness he didn't turn this way, but rather lost his profile to turn his back and well, we lost the *loca*, too, who saw his ass but overall, the tufts of hair that were popping out of the sides of the angel's neck. When he was standing in front of the plantains, that was the moment. He looked so fresh under that rainbow of the sprinklers in the stand. "Enough to make you a vegetarian, to swallow him whole."

"Sir, would you hand me those lousy plantains?" And the writer couldn't speak, the runner repeated "lousy," more as an

expression than as a word. The *loca* turned towards them both. "You really stood me up that night. Didn't you, little boy…?" He had the perfect filthy word on the tip of his tongue but he bit it off inside like a proper Englishwoman. And it was a good thing, too, because the angel was lost in the writer's face. He bit his lip at having called him "Sir." To make matters worse, the angel's girlfriend showed up. It was the same little bitch that had asked him those questions that uneasy day. The girl, good enough to suck off your fingers, pierced the grinding of the coffee. She arrived with a carton of eggs in each hand, "White or brown?"

Choosing is a bitch.